Was soll das?

Dieses Buch ist kein gewöhnliches Buch. Eigentlich ist es ein Spiel. Ein Rollenspiel mit nur einem Spieler und ungeheuer viel Spaß und Spannung. Ein Rollenspiel, das auch noch lehrreich ist.

Gedacht ist es für Erzieher, Sozialarbeiter, Jugend- und Kindergruppenleiter, Ferienbetreuer. Kurz: Für alle, die sich mit den rechtlichen Aspekten von Jugendarbeit beschäftigen müssen.

In 300 Stationen erlebt der Leser alle denkbaren und undenkbaren Zwischenfälle, deren vertrackte rechtliche Lage er spielerisch lösen muß.

Dieses Spiel ist eine Bereicherung der rechtlichen Ausbildung von ehren- und hauptamtlichen Pädagogen. Es ist ideal zur Nachbereitung von Aufsichtsrechtslektionen. Durch die Wiederholung bedeutender Fälle wird das Einprägen erleichtert.

Bei Bedarf kann das Spiel auch während der Schulung (statt Referat) in kleineren Gruppen oder in der Großgruppe gespielt werden. Die Entscheidungen werden dann gemeinsam diskutiert. An wichtigen Stellen kann unterbrochen werden, um entsprechende Inhalte nachzuschieben.

Die Gesamtintention des Spiels läßt sich auf folgenden Nenner bringen: Trockene Inhalte locker verpackt!

Viel Spaß beim Spielen ...

Die Autoren, Langenbeutingen im Dezember 1998.

Einleitung

Du bist der Held in einem außergewöhnlichen Abenteuer - auch wenn es ganz gewöhnlich anfängt...

Du hast Dich entschieden, als Betreuer an einer zweiwöchigen Kinderfreizeit eines großen Wohlfahrtsverbandes teilzunehmen. Eine mutige Entscheidung, denn Pädagogen stehen, wie du noch am eigenen Leibe erfahren wirst, immer mit einem Bein im Gefängnis. So eine Kinderfreizeit ist nicht nur eine schöne, sondern auch eine sehr gefährliche Sache. Du wirst schrecklichen Gefahren ausgesetzt sein, die du dir in deinen kühnsten Träumen nicht auszumalen wagtest. Dabei hilft dir außer einem bißchen Glück nur die Erfahrung, die du dir bereits angeeignet hast.

Von Abschnitt zu Abschnitt und von Fallstrick zu Fallstrick mußt du gewagte Entscheidungen treffen und gefährliche Taten vollbringen, um deine Kinder und dich vor Schaden an Leib und Seele zu bewahren. Aber glaube bloß nicht, daß du immer mit heiler Haut davonkommst! Doch nicht verzagen, wenn dir das Schicksal einmal übel mitspielt. Schaffst du es, die dir Anvertrauten ohne größere Katastrophen heil über die 14 Tage zu bringen, dann darfst du dich anschließend zur Garde der Top-Betreuer zählen. Keine Situation, und sei sie auch noch so verworren, kann dich dann noch umhauen.

Nun aber hinein in das Aufregendste aller Abenteuer deines Lebens ...

Spielregeln

Die nächsten zwei Wochen werden kein Zuckerschlecken für dich. Das wird dir wohl klar sein. Was dir vielleicht noch nicht so klar ist, ist die Art und Weise, wie du spielen sollst.

Kein Problem! Die Regeln für dieses einmalige Abenteuer sind kurz, klar, einfach und genau. Falls du im Spiel dennoch einmal nicht weiterweißt, kannst du sie jederzeit wieder nachlesen.

Du wirst beim ersten Durchblättern vielleicht schon gesehen haben, daß dieses Buch aus 300 nummerierten Kapiteln besteht. Die wirst du allerdings nicht der Reihe nach durchlesen. Zwar beginnst du bei (1) und dein Ziel ist (300), aber der Weg dorthin wird sehr verschlungen sein.
Jedes Kapitel stellt dich vor eine neue komplizierte Situation, die du mit Erfahrung

und ein wenig Glück so lösen kannst, daß dein Weg dich etwas weiter in Richtung Ziel führt. Wie du diese Probleme lösen kannst, werden dir die folgenden Zeilen verraten.

Zufallskarte

Eigentlich brauchst du zum Spiel nur noch einen Bleistift mit Radiergummi und einen Würfel. Da man letzteres jedoch genau dann nicht zur Hand hat, wenn man es braucht, haben wir dir am Ende des Buches eine Zufallskarte mitgeliefert. Funktioniert ganz einfach: Augen zu und mit Bleistift oder Finger auf die Karte tippen. Das getroffene Feld ist dann die "erwürfelte" Zahl. Alles klar?

Abenteuertafel

Deine Abenteuertafel findest du ebenfalls am Ende des Buches. Sie begleitet dich bei all deinen Erlebnissen. Auf ihr notierst du dir viele Dinge, die wichtig für dich sind. Um welche Dinge es dabei geht, wird im Verlauf des Spieles noch erklärt. Wenn du möchtest, dann mache dir vor dem Spiel mehrere Kopien davon. Du hast dann länger Freude an diesem Buch.

Eigenschaften

Vielleicht bist du hübsch oder ein besonders guter Tennisspieler. Diese Eigenschaften spielen für dein Abenteuer allerdings keine Rolle. Bei uns zählen vor allem zwei Eigenschaften: ERFAHRUNG und KONDITION.

Jede dieser beiden Eigenschaften drückt sich in einer konkreten Zahl von Punkten aus. Je mehr, desto besser. Jetzt bestimmst du deine Persönlichkeit, indem du 30 Punkte auf deine beiden Eigenschaften verteilst. Allerdings mußt du dir für jede der beiden Eigenschaften mindestens je 10 Punkte zuteilen. Die gewählten Punktzahlen trägst du auf deiner Abenteuertafel ein.

Gruppenklima

Natürlich spielt für einen Betreuer auch das Gruppenklima eine wichtige Rolle. Dein Ziel ist es, die Kinder bei möglichst guter Laune zu halten. Das ist nicht immer leicht, wie du dir sicher denken kannst. Das GRUPPENKLIMA wird auch in Punkten gemessen. Zu Beginn kommen deine Kinder gutgelaunt und erwartungsvoll im Zeltlager an. Trage dir deshalb 15 Gruppenklimapunkte in deine Abenteuertafel ein.

Glückstest

Nur mit Wissen und Erfahrung allein geht es nicht. Für das Gelingen der Freizeit, für dein Überleben im Dschungel der Ferienpädagogik ist auch eine gehörige Portion Glück erfoderlich. Wenn du dich in diesem Abenteuer mal auf dein Glück verlassen mußt, dann geht das so:

"Mache einen Glückstest (Faktor 6)". Nun nimmst du einen Würfel oder die Zufallskarte in die Hand und würfelst zweimal. Wenn die Summe beider Würfe über dem angegebenen Faktor (in unserem Beispiel 6) liegt, (hier also 7 oder mehr) dann hast du Glück gehabt. Wenn nicht, dann hat das Pech zugeschlagen und du wirst sehen, was passiert.

Co-Betreuer

Während der Freizeit wirst du für deine Gruppe von zwölf Jungen und Mädchen rund um die Uhr verantwortlich sein. Das schaffst du alleine nie und nimmer. Deshalb darfst du dir jetzt eine/n Co-Betreuer/in auswählen, der/die dich auf deinen Abenteuern begleitet. Überlege dir die Wahl gut, denn die nächsten 14 Tage seid ihr voll aufeinander angewiesen. Also, wen wählst du?

GABI, 17 Jahre (die schriftliche Einverständniserklärung der Eltern liegt vor). Sie ist Schülerin und sehr sportlich. Allerdings ist dies ihre erste Freizeit.

KALLE, 18 Jahre und in der Erzieherausbildung. Er legt wert auf sein Äußeres und "lebt nicht gerne aus dem Koffer". Er hat den DLRG-Rettungsschwimmschein.

SVEN, ist 28 Jahre und ausgebildeter Diplom-Pädagoge. Zwar ist er Nichtschwimmer, dafür aber ein absoluter Gitarrenprofi.

KATJA, 23 Jahre ist Schreinerin. Sie trinkt gerne mal ein Bierchen über den Durst, ist aber eine totale Stimmungskanone und macht bereits die 7. Freizeit.

Trage nun den Namen deines Co-Betreuers auf der Abenteuertafel ein.

Geld

Zu guter letzt wirst du auch nicht ganz ohne Geld auskommen. Es kann sein, daß du es für verschiedene Dinge ausgeben mußt. Vielleicht fällt dir während des Spiels aber auch wieder Geld in den Schoß? Trage dir für den Anfang 20.00 DM als "Startkapital" in die Abenteuertafel ein.

Ende des Abenteuers

Dein Ziel ist es, am Ende der zwei Wochen alle Kinder wieder wohlbehalten bei ihren Eltern abzuliefern. Dies ist am Ende des sechsten Kapitels der Fall.

Es ist aber auch möglich, daß du bereits vorher den kleinen, aber leider endgültigen Satz lesen wirst: **"DEIN ABENTEUER IST BEENDET!"**. Ist dies der Fall, hast du zuvor einen oder mehrere schwere Fehler begangen. Fange einfach wieder von vorne oder vom Beginn des vorhergehenden Kapitels an.

Manchmal kann es geschehen, daß du am Ende einer Seite einen Pfeil findest. Der Abschnitt geht dann noch auf der nächsten Seite weiter. Also: Umblättern!

Morgens um 7 ist die Welt noch in Ordnung

Kapitel 1

Wir schreiben Montag, den 06. Juli des Jahres 1992. Die Sommerferien haben bereits begonnen. Du hast an drei Wochenend-Vorbereitungstreffen teilgenommen und dich auch noch einmal mit deinem Co-Betreuer zusammengesetzt. Ihr habt eine grobe Zeltlagerplanung aufgestellt und euch einige Beschäftigungen und Aktionen überlegt. Bleibt euch also nur noch abzuwarten, was die bevorstehenden zwei Wochen bringen werden. Noch kannst du ja nicht ahnen, welch ein Abenteuer dich erwartet ...

1

Nun geht es also los! Du hast gut und lange geschlafen. Nun fühlst du dich topfit, um einer Horde wildgewordener Drei-Käse-Hochs gerecht zu werden.

Die Kinder sind gerade angekommen. Deine Gruppe umfaßt zwölf Jungen und Mädchen im Alter von 10 bis 11 Jahren. Alle sitzen nun auf ihrem Gepäck und starren mit erwartungsvollen Gesichtern auf dich und deinen Co-Betreuer. Was habt ihr vor?

* Zunächst sollen das Gepäck verstaut und die Matratzenlager aufgebaut werden. Geh auf (18).
* Ein ausgiebiges Frühstück ist die beste Voraussetzung für einen schönen Tag. Es steht auf (12) bereit.

2

Verführung Minderjähriger zum Glücksspiel! Dein Freizeitleiter staucht dich zusammen. Streiche dir einen Erfahrungspunkt. Du sollst jedoch gedeckt werden, wenn du das Geld den rechtmäßigen Eigentümern zurückzahlst und zusätzlich jedem der ärmeren Kinder 2.00 DM aus deiner Privatkasse löhnst. Streiche dir 8.00 DM von der Abenteuertafel.

* Abends fällst du todmüde auf deine Luma und erwachst am nächsten Morgen bei (44).

3

Du willst die unangenehmen Pflichtlektionen möglichst schnell hinter dich bringen. Um deine Boys und Girls nicht unnötig zu langweilen, liest du den Kindern zur Erläuterung der Regeln kurz einige Auszüge aus GG (Grundgesetz), BGB (Bürgerliches Gesetzbuch) und StGB (Strafgesetzbuch) vor.

* Dann nichts wie auf den Hof zu (20), schließlich soll Zeltlager ja Spaß machen.

4

Günür ist gestürzt und hat sich eine kleine Schürfwunde zugezogen.

* Nun hast du ihn im Sanitätsraum verarztet und setzt deinen Weg in beabsichtigter Weise zu (34) fort.

5

Du hast tolle Kinder. Sie haben dir sogar 1,5 Kartoffelpuffer und einen Klecks Apfelmus reserviert. Wo gibt's denn so etwas? Das gibt dir Kraft, eine Stunde später dein Programm unbeirrbar fortzusetzen. Natürlich darfst du dir auch einen Konditionspunkt gutschreiben. Was hast du mit deinen Kindern am Nachmittag vor?

* Du erfüllst den Wunsch eines Kindes auf (10).
* Du bietest ein gruppenübergreifendes Sport-Spiel an. Geh auf (16).
* Eine Diskussion über ein aktuelles Thema steht bei (28) an.

6

Der Nachmittag vergeht wie im Fluge. Eine traumhafte Meisterschaft: mit sechs begeisterten Kindern habt ihr den Sieg schon beinahe in der Tasche.

* Ein solcher Tagesabschluß bringt dir je einen Erfahrungs- und Konditionspunkt für den kommenden Tag, der bei (44) beginnt.

7

Die Wegweiser der Naturfreunde an den Bäumen führen euch zum Aussichtsplateau. Hier bietet sich die Gelegenheit, den Kindern ihre Ferienheimat von oben zu zeigen.

* Nach einer Ruhepause, die dir einen Konditionspunkt bringt, wählst du den direkten Weg zu (25).

8

Du hast dir nicht nur vorgenommen, der Betreuer deiner Zöglinge zu sein, - nein! Du willst ihnen auch ein guter Freund sein. Ein wahrhaft guter Vorsatz; leider können die Kinder deine gutgemeinten Worte schon nicht mehr hören, da ihre Mägen bereits viel zu laut knurren.

* Bevor du dich jedoch mit deinen Kindern an den Mittagstisch setzen kannst, wirst du noch bei (34) ins Büro gerufen.

9

Als du eingetreten bist, reicht dir Bettina gleich einen Karteikasten: "Hier, die Eigenarten deiner Kinder." Beim Lesen erfährst du, daß Andrea einen Herzfehler hat und sich deshalb nicht überanstrengen darf. Für diese Information kannst du dir einen Erfahrungspunkt gutschreiben.

* Nun solltest du aber besser an deinen Magen denken, bevor er völlig rebelliert. Das Mittagessen wartet bei (5).

10

Im Seesack von Fabian findet sich ein nagelneues Skateboard. Auf einer deiner Vorbereitungsschulungen hast du einmal etwas vom "situationsorientierten Ansatz" gehört. Das ist deine Chance; nicht weit von hier liegt ein geeigneter Hang.

* Du fährst zuerst auf dem Rollbrett das Gefälle hinunter, dann landest du bei (40).
* Fährt Fabian zuerst, sieh bei (42) nach.

11

"Mitspielen oder zusehen" - das ist doch keine Alternative! Vier deiner Kinder sind nur sehr schwer bei der Stange zu halten. Du setzt einen Konditionspunkt ein, so wird es doch noch ein angenehmer Nachmittag für alle.

* Was wird dir der nächste Tag wohl bringen? Sieh bei (44) nach.

12

War gar nicht so ohne, diese Idee. Für ein Zeltlager steht doch eine ganze Menge auf dem Tisch. Die Kinder schlagen kräftig zu. Gut gesättigt will die Bande von dannen ziehen. Du bringst sie gerade noch dazu, ihr Geschirr in die Küche zu bringen. Da du noch das Mittagessen bestellen mußt, machst du einen Treffpunkt aus:

* Du erwartest die Kids vor dem Jungenzelt, in der Hoffnung, daß die Mädchen das Zelt auch finden. Weiter bei (24).
* Die Kinder sollen alle am Geländetor bei (31) auf dich warten.

13

Die Kinder sind sich schnell einig: sie wollen als "Die Wilde 13" die nahegelegene Umgebung unsicher machen. Auch wenn der "Sekt" nur Zitronensprudel ist, er prickelt ebenso auf der Zunge. Das gibt auch deinen "Piraten" ein prickelndes Gefühl und steigert das Gruppenklima um einen Punkt.

* Dein Programm geht auf (38) weiter.

14

Tagesablauf, Regeln, Gefahren, ... - was wäre besser für das Verständnis der Kinder, als diese 'Pflichtlektionen' (!) geschickt in die verschiedensten Spiele (z.B. Rollenspiele) zu verpacken? Und das bekannte "Abfrage-Spiel" (1, 2 oder 3) zum Abschluß begeistert ohnehin alle Kinder. Auch wenn die Zeit mittlerweile drängt, steigen Gruppenklima und deine Erfahrung um je einen Punkt. Doch als ihr eben alle zum Mittagessen stürmen wollt, fällt dir noch ein, daß du das Wichtigste beinahe vergessen hättest:

* Bleibt noch, vom Lagerrat und dessen Funktion zu berichten. Geh weiter zu (26).
* Der Speisezettel ist noch nicht verlesen. Weiter bei (39).
* Hast du eben noch an die Zeltschnüre gedacht? Lies Nr. (41).

* Du mußt hier an dieser Stelle noch betonen, daß die Kinder mit Problemen aller Art jederzeit zu dir kommen können. Geh zu (8).

15

So ein Glück kannst auch nur du haben ... - von weitem sah der Magenstoß beinahe tödlich aus. Aber so schnell wirft ein leichter Mädchenhieb einen starken Jungen nicht aus der Bahn. Cedric erholt sich kurz darauf schon wieder; dennoch kostet dich dieser Fehler einen deiner Erfahrungspunkte.

* Zitternd schleppst du dich zu (34).

16

Dein Angebot lautet: 'Volleyball-Meisterschaft gegen die 11-12 Jährigen' ... bis vier Stimmen im Chor ertönen: "Wir wollen Faul-Ei, wir wollen Faul-Ei, wir wollen ..." Und nun???

* Du glaubst dir ist 'ne Schnecke durchs Dressing gekrault. Eine Gruppe ist eine Gruppe. Sie macht alles gemeinsam. Lies (17).
* Mit einem Lächeln, das deine Autorität unterstreicht, stellst du die Wahl "mitspielen oder zusehen". Geh zu (11).
* Dein Co-Betreuer geht zum Faulei-Spiel; wer Lust hat, kann dort mitspielen. Weiter bei (6).

17

Die miese Laune der Kinder, die Faulei spielen wollten, vermiest auch den anderen Kindern die Lust an der Volleyball-Meisterschaft. Alle ziehen mürrisch ab und verkrümeln sich ins Zelt. So vergeht für dich der Nachmittag ohne Anstrengung; jedoch sinkt das Gruppenklima um einen Punkt ab.

* Am nächsten Tag bei (44) mußt du schon mehr bringen.

18

So ein Reinfall! Ein Teil der Kinder murrt über den Streß am frühen Morgen, die anderen sind noch so müde, daß sie auf ihren Matratzen fast wieder in die ewigen Jagdgründe versinken.

* Nun aber schnell zum Frühstück auf (12).

19

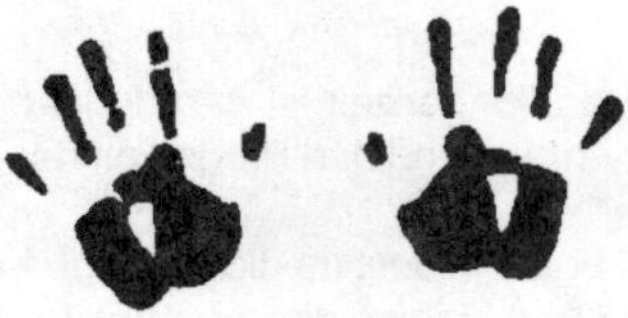

Toll, jetzt weiß auch der Letzte, wie du heißt.

* Bei (38) geht dein Programm weiter.

20

"... durch einen Aufsichtsbedürftigen geschädigt wird, kann er von ihm Schadenersatz ..." -- da siehst du gerade noch, wie Cedric Tanja stolpern läßt und diese den Schaden durch einen kräftigen Stoß in die Magengegend ersetzt.

Tja! Klassischer Fall von verbalem Suizid. Kindgerechte Information und Vergewissern, daß die Warnungen verstanden und auch befolgt werden, DAS ist deine Pflicht. Nun kannst du nur noch hoffen, aber deine Chancen stehen gar nicht gut:

* Würfeln! Kannst du den Faktor 10 mit zwei Wurf überbieten, lies (15).
* Schaffst du es nicht, dann (21).

21

Cedric wird schwer verletzt ins Krankenhaus eingeliefert. **DIESE TATSACHE BEENDET DEIN GEWALTIGES ABENTEUER** bei uns und beschert dir zweifellos ein noch gewaltigeres im Dschungel der Paragraphen und Verordnungen.

22

Goldrichtig! Dazu bist du nämlich verpflichtet. Ihr beide beschließt, auf Andrea besonders achtzugeben und sie gegebenenfalls etwas zu bremsen. Das bringt dir zwei Erfahrungspunkte.

* Jetzt sieh zu, ob du bei (5) noch etwas vom Mittagessen abbekommst.

23

Nur keine Unannehmlichkeiten eingehen, wie? Na schön, allerdings kostet dich das auch zwei deiner Erfahrungspunkte!

* Du beendest den Tag mit einer großen "New-Games"-Runde, bevor dich auf (44) viel Neues erwartet.

24

Das Jungenzelt ist gerade leer. Gute Gelegenheit, es gleich in Beschlag zu nehmen und den Bären von der Kette zu lassen.

* Entscheidest du dich für eine Kennenlern-Spielrunde? Geh auf (19).
* Oder für eine einfache Vorstellungsrunde? Weiter bei (32).
* Du willst mit viel trara und etwas "Sekt" die Gruppe taufen? Lies bei (13) weiter.

25

Zum Zeltplatz zurückgekehrt, mußt du dich nach einem leeren Zelt oder einem anderen ruhigen Plätzchen umsehen. Eigentlich hätten schon längst wichtige Infos an die Kinder abgehen müssen. Glücklicherweise ist im Wald nichts passiert...

* Bei (38) mußt du das Versäumte schleunigst nachholen!

26

Das Wort "Mitbestimmung" begeistert die Kinder. Darum bestimmen sie auch sofort, daß ihr nächster Gang zum Mittagessen führen soll. Das Gruppenklima steigt um einen Punkt.

* Du kannst leider noch nicht mitgehen. Dein Weg führt dich zuerst noch ins Büro nach (34).

27

Ein verführerischer Duft läßt dich in Richtung Küchenzelt blicken, als plötzlich Bettina vor dir steht. Mit ernstem Gesicht und der Bemerkung: "Deine Kinder sind dir wohl egal? Du hättest dir die Unterlagen schon längst selbst abholen können", drückt sie dir einen Zettel in die Hand.

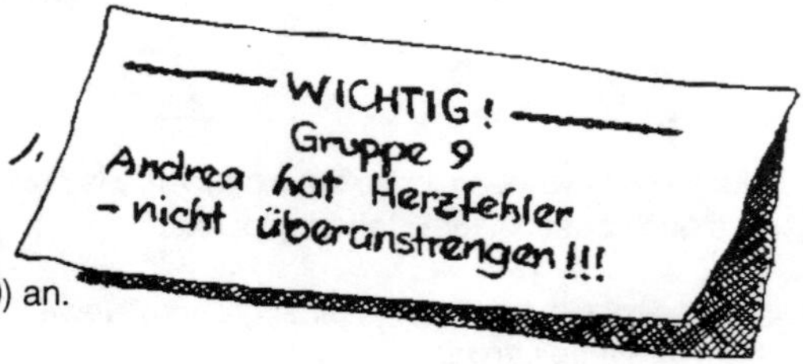

* Endlich kommst du bei (30) an.

28

Dir ist aufgefallen, daß einige deiner Kinder mittellos dastehen, während andere das Geld nur so verprassen können ... - so eine himmelschreiende Ungerechtigkeit.

* Du redest mit deinen Kindern darüber und versuchst mit ihnen eine für alle akzeptable Lösung zu finden. Lies (36).
* Du willst einen finanziellen Ausgleich schaffen. Geh auf (29).
* Da die Kinder sich rechtzeitig an solche Unterschiede gewöhnen sollen, übergehst du bei (23) diese unabänderliche Tatsache.

29

Du startest ein Würfelspiel um Geld. Alle Kinder, die mehr als 10.00 DM haben, sollen daran teilnehmen. Das Geld, das du einkassierst, verteilst du an die "Ärmeren".

* Lies daraufhin bei (2) weiter.

30

Was tust du nun?

* Du denkst dir, so schlimm wird's schon nicht sein, sonst dürften die Eltern Andrea sowieso nicht auf solch ein Zeltlager schicken. Sieh zu (43).
* Du rufst sofort die ganze Gruppe zusammen und informierst bei (35) alle über die Behinderung von Andrea.
* Du leitest dein Wissen an deinen Co-Betreuer weiter. Euer weiteres Vorgehen besprecht ihr bei (22).

31

Da steht ihr nun am Geländetor und das schöne Sommerwetter zieht euch hinaus zu einem Spaziergang. Als ihr am Parkplatz in den Wald einbiegt, kommt ihr geradewegs auf eine Wegegabelung. Keine Frage wohin, schließlich kennst du dich hier ja aus:

* Der rechte Weg führt dich zu (7).
* Links gelangst du zu (37).

32

Ihr lernt euch ein wenig kennen, erfahrt von euren Hobbies, usw. Den Kindern aber wird es bald langweilig, den anderen zuzuhören. Deshalb mußt du gleich mit dem Programm fortfahren.

* Verkünde die verschiedensten Informationen von (38).

33

Wie es der Zufall will, spricht dich auf deinem Weg zum Büro jemand an: Mache den Glückstest mit Faktor 8.

* Bei Bestehen ist es der Freizeitleiter und ihr geht gemeinsam zu (34).
* Gehen die Würfe daneben, wirst du von Günür um Hilfe gebeten und zu (4) geschleppt.

34

Die Formalitäten (z.B. Gruppenliste usw.) sind abgehakt.

* Hast du nun Hunger und gehst zu (27)?
* Oder klopfst du noch schnell bei Bettina von der Freizeitleitung im Zimmer (9) an die Türe?

35

Du nimmst die Sache ernst, das ist gut und bringt dir einen Erfahrungspunkt. Allerdings solltest du Andrea nicht vor der ganzen Gruppe als "behindert" hinstellen. Das bereitet der Betroffenen sonst große Probleme und kann sie zur Außenseiterin machen. Leider mußt du dir deshalb einen Gruppenklimapunkt abziehen.

* Stille nun bei (5) schnell deinen Hunger.

36

Das Gruppengespräch läuft gut. Euer Beschluß: Keine Unternehmungen, die sich irgendeiner in deiner Gruppe nicht leisten kann. Die starke Solidarität in deiner Gruppe läßt das Klima um einen Punkt steigen. Außerdem bist du nach dieser Diskussion auch noch um einen Erfahrungspunkt reicher. Spielen kostet nichts, deshalb gibt es noch Action für alle bis zum Abend.

* Gut war's, für den Anfang! Der neue Morgen bricht bei (44) an.

37

Was ist eine Waldwiese ohne Katja oder Gabi? Wenn du eine von ihnen als Co-Betreuerin gewählt hast, dann gibt's eine "Mords-Gaudi" für die Gruppe und einen Gruppenklimapunkt für dich. Begleiten dich dagegen Kalle oder Sven, dann mußt du das Programm selbst gestalten, wodurch du einen Konditionspunkt verlierst.

* Immer noch munter, macht ihr euch weiter auf den Weg zu (7).

38

Du verklickerst den Kindern den ungefähren Tagesablauf und schiebst noch einige wichtige Informationen hinterher.

* Machst du das mit ein paar vorbereiteten Spielen, lies (14).
* Willst du die Kinder nicht unnötig mit Informationen langweilen, wähle bei (3) den kürzeren Weg.

39

Die Kinder interessiert nur noch eines, nämlich, ob es jetzt etwas Gutes zu essen gibt. Davon überzeugen sie sich aber doch lieber selbst an der Essensausgabe.

* Du siehst das ein und entscheidest dich stattdessen noch für einen schnellen Gang ins Freizeitbüro bei (34).

40

Du stehst zum ersten Mal auf einem solchen "Brett mit Rädern". Bis zur scharfen Linkskurve geht auch tatsächlich alles gut; ob die Fahrt auch gut endet, hängt nun von dir und deinem Würfelglück ab. Mache den Test mit dem Faktor 5:

* Gelingt er dir, so hast du die Kurve schön durchfahren und die Kinder spenden dir starken Beifall. Addiere dir einen Gruppenklimapunkt. Dein Leben geht auf

(44) weiter.
* Wenn du Pech hast, fährst du statt der Kurve eine lange Gerade, die bei einer Mauer endet. Für den Rest der Freizeit ist dein rechtes Bein im Gips. Dir bleibt nichts anderes übrig, als im Büro den Sekretär zu spielen. **DU SAGST DEINEM GROSSEN ABENTEUER 'LEBEWOHL'**!

41

Die Zeltschnüre stellen besonders beim Spielen und in der Nacht eine erhöhte Gefahr dar. Wichtig, das den Kindern mitzuteilen. Eine unterlassene Warnung könnte gerichtliche Folgen für dich haben. Du aber hast daran gedacht und darfst dir einen Erfahrungspunkt gutschreiben. Nun kannst du die Kids aber nicht mehr vom Essen abhalten. Auch dich hält allein die Tatsache zurück, daß du im Büro noch einige Formalitäten abzuwickeln hast.

* Wählst du den direkten Weg über die Wiese und steigst über die gefährlichen Schnüre um zu (34) zu kommen?
* Gehst du lieber um die Zelte herum zu (33)?

42

Fasziniert siehst du Fabian nach, wie er mutig seine erste Abfahrt wagt ... da, rechts der Kiesweg ... Fabian stürzt ... dann liegt er bewegungslos auf der angrenzenden Wiese. - Das war eine grobe Verletzung der Aufsichtspflicht! Deshalb mußt du dir sofort einen Erfahrungspunkt abziehen. Dennoch, in diesem Fall ist dir das Glück beigestanden. Hoffentlich bist du an soviel Erfahrung reicher, wie Fabian an blauen Flecken.

* Nimm deine Kenntnisse mit in den nächsten Tag bei (44).

43

So ein Quatsch! Erstens mußt du solche Mitteilungen äußerst ernst nehmen und zweitens bist du verpflichtet, deinem Co-Betreuer die Info's weiterzuverklickern. Du hast grob fahrlässig gehandelt. Wenn dem Kind jetzt etwas passiert, bist du dran. Das kann nach Paragraph 222 StGB (Strafgesetzbuch) bis zu fünf Jahre Knast geben!

* Diesen Paragraphen nun hoffentlich im Kopf, kannst du dich zum Mittagessen nach (5) aufmachen.

Ein Unglück kommt selten allein

Kapitel 2

44

Ein neuer Tag beginnt. Zur Feier des Tages darfst du dir heute zwei Konditionspunkte gutschreiben. Nachdem du dich mehr oder weniger mühsam aus dem Schlafsack geräkelt hast, stehen deine Gören schon topfit und bärenhungrig vor dir.

* Du holst erst einmal Frühstück. Geh auf (60).
* Nach dem Streß von gestern mußt du erst einmal in Ruhe duschen. Dein Co-Betreuer übernimmt die Aufsicht und schickt zwei Kinder Frühstück holen. Du addierst dir einen Konditionspunkt auf deiner Abenteuertafel und gehst auf (70).

45

Den Gruppenklimapunkt schon abgezogen? Gut. Deine Kinder finden dich nämlich mächtig spießig. Dafür hast du nun zumindest nicht noch einen Racker mehr, über den du die Aufsichtspflicht ausüben mußt.

* Wer weiß, was dir damit erspart geblieben ist ... lies weiter bei (61).

46

Die Zeit vergeht bei einigen tollen Spielen wie im Fluge. Zum Abschluß wollen die Kinder unbedingt Verstecken spielen. Als du kurz vor dem Mittagessen deine Bande wieder zusammentrommelst, fehlt Moritz. Du schnallst sofort, daß es mit dem Ausreißen also ernst gemeint war. Hättest du den Brief geöffnet, dann hättest du vielleicht mehr gewußt - allerdings wäre das ein glatter Verstoß gegen das Briefgeheimnis gewesen, das auch für Kinder gilt.

* Nun schau bei (63) wie's weitergeht.

47

So ein Pech aber auch! Gerade drehst du dich nach der wiederholten Ermahnung um, als der Bursche auch schon wieder von dannen flitzt. Das kommt davon, wenn man zu gutmütig ist. Die Eltern und der Freizeitleiter halten dich für unfähig. Du wirst gefeuert und kannst nur hoffen, daß dem Bengel nicht auch noch etwas passiert. **DEIN ABENTEUER IST BEENDET!**

48

Jetzt sieh nach, welcher Tag heute ist.

* Spielst du an einem Sonntag? Weiter bei (77).
* An Werktagen führt dich dein Weg zu (87).

49

Bravo, genau richtig gemacht! Schreibe dir zwei Erfahrungspunkte gut.

* Nun gehe, bei (102) deine Freizeit-Erlebniskiste weiter auffüllen.

50

All deine Überredungskünste nützen dir nichts. Der DRK-Sanitäter meldet den Zwischenfall. **DEIN ABENTEUER IST LEIDER BEENDET!**

51

Kein Zucker mehr da. Und der Schlüssel zur Vorratskammer ist auch gerade mit dem Freizeitleiter im Cafe. Du kehrst unverrichteter Dinge um.

* Schon von weitem siehst du, daß dein Co-Betreuer gerade versucht, einer beginnenden Marmeladenbrötchenschlacht entschlossen entgegenzutreten. Du greifst bei (97) ein.

52

Oh weh, das hättest du tun sollen. Ist nämlich nicht nur klug, sondern auch vorgeschrieben. Die Kinder können sich im Spieleifer sonst zu leicht verletzen. Nun wird's heikel!

* Hast du mehr als 15 Erfahrungspunkte, dann geh zur (91).
* Wenn nicht, dann versuche dein Glück (Faktor 7). Klappt es, dann lese (98), ansonsten (72).

53

Du gibst Moritz den Brief und ziehst dein Gruppenprogramm durch.

* Viel Spaß bei (46)!

54

Ermahnungen sind sicher gut, aber irgendwann muß man auch Konsequenzen ziehen. Nachdem Moritz zum wiederholten Male ausgerückt ist und sämtliche herkömmlichen Methoden nichts gefruchtet haben, ist es ein zu großes Risiko, ihn jetzt noch weiterhin bei dir zu behalten.

* Lies bei (64) weiter

55

Du nimmst deinen Geldbeutel aus der Hosentasche und gibst dem Opfer die 10.00 DM. Wenigstens hast du jetzt das Gruppenklima nicht versaut, aber dich wurmt es doch, daß der Dieb einfach so davongekommen ist. Besonders klug war das Ganze auch nicht.

* Ziehe dir einen Konditionspunkt ab und gehe zu (94).

56

Sehr gut! Mit vollem Magen soll man nämlich nicht baden. Andererseits sind deine Kids natürlich nicht sehr begeistert.

* Schreibe dir einen Erfahrungspunkt gut und streiche dafür einen Gruppenklimapunkt, bevor du zu (48) weitergehst.

57

Das war nicht sehr klug. Eigentlich solltet ihr euch verteilen: einer drinnen, einer draußen.

* Nun ist es passiert! Geh zu (102).

58

Wer hat dir denn diesen Unsinn erzählt? Bei Schock natürlich Beine hoch und Decke rum. Nun brauchst du Glück mit Faktor 7.

* Haut's hin, dann lies bei (68) weiter.
* Läßt dich dein Glücksengel im Stich, ist die (80) angesagt.

59

Leider hast du so deine Aufsichtspflicht sträflich vernachlässigt. Doch du hast Glück im Unglück. Auf dem Zeltplatz findest du alle deine Schäfchen wieder friedlich vereint.

* Du hast dir bei (115) eine erholsame Nachruhe verdient.

60

Wen hast du als Co-Betreuer gewählt?

* Sven oder Katja? Dann gibts Stimmung! Füge dir einen Gruppenklimapunkt hinzu und geh auf (90).
* Teamst du mit Kalle oder Gabi die Gruppe, dann sind deine Kinder schon am frühen Morgen schlecht gelaunt und halb verhungert, wenn du zurückkommst. Schau auf (97) nach, was dir bevorsteht.

61

Das Spiel ist angepfiffen. Der Ball wechselt in erregender Geschwindigkeit die Mannschaften. Das Spiel ist hart, aber fair. Die Kinder kämpfen, als ginge es um die Weltmeisterschaft. Bianca stürmt mit vollem Tempo auf's gegnerische Tor ...

Hast du die Kinder eigentlich zu Beginn der Freizeit auf die Gefahren durch die Zeltschnüre hingewiesen?

* Ja, dann geh zu (82).
* Nein? Dann geht dein Abenteuer auf (52) weiter.

62

Strahlender Morgen. Der neue Tag beginnt. Heute verläuft das Frühstück ohne größere Zwischenfälle. Gerade beaufsichtigst du zwei deiner Racker beim Abwischen der Tische, als Boris auf dich zukommt und dir flüstert, daß Moritz diese Nacht damit geprahlt habe, er wolle heute abhauen. Dazu würde er einen Brief von seinem Freund erwarten, der ihm beim Flitzen behilflich sein wolle. Du wimmelst Boris erst einmal ab. Der wollte sich wohl nur wichtig machen. Als dann aber bei der Post tatsächlich ein verdächtig aussehender Brief an Moritz dabei ist, wirst du nachdenklich. Was sollst du mit dem Brief machen?

Nütze diese Gedankenpause in jedem Falle dazu, dir 5.00 DM gutzuschreiben. Denn die Post enthält auch einen Brief von deiner lieben Omi ... - sie hat es mal wieder gut gemeint!

* Du gehst auf Nummer sicher und öffnest den Brief bei (105).
* Du läßt den Brief natürlich zu und siehst bei (53) weiter.
* Du schickst den Brief ungeöffnet an die Eltern und gehst zu (73).

63

Du kommst vom Büro, als du einen roten Wagen vorfahren siehst. "Vermutlich Eltern...", denkst du und kümmerst dich nicht weiter darum. Dann kommen sie auf dich zu: "Guten Tag, wir sind die Eltern von Moritz und möchten ihn gerne besuchen. Ist er da?" Tja, das ist die Frage ...

* Ist Moritz da, geh zu (85).
* Ist der Bengel noch nicht zurück, schau bei (84) was passiert.

64

Leider wird hier ein Glückstest mit dem Faktor 9 nötig:

* Lacht das Glück, weiter bei (112).
* Hast du den Test nicht bestanden, geh zu (47).

65

Die Kinder werden ziemlich sauer. Das bedeutet, daß du dir zwei

Gruppenklimapunkte abziehen mußt. Logisch, 99% fühlen sich mit Sicherheit unschuldig. Der Dieb traut sich natürlich auch nicht, die Kohle wieder rauszurücken. Nun bist du also mit deiner Kollektivstrafe baden gegangen.

* Bei (94) läutet die Glocke zum Mittagsmahl.

66

Das ist sehr schlecht! Als guter Betreuer solltest du wissen, daß man nach dem Essen nicht gleich schwimmen geht.

* Hoffentlich geht das bei (48) gut aus.

67

Zu dumm! Das kostet dich einen Erfahrungspunkt, denn natürlich muß einer von euch mit ins Wasser. Nur so könnt ihr im Ernstfall rechtzeitig eingreifen.

* Selbst schuld, darum geh auf (102).

68

Hast du als blindes Huhn doch noch ein Korn gefunden? Der Patient erholt sich trotz deiner Kurpfuscherei wieder recht gut.

* Bei (96) wird's jetzt hektisch ...

69

Der Freizeitleiter lobt dich in der Helferbesprechung für deine Weitsicht. Zwei Erfahrungspunkte dazu.

* Mit neuem Elan gehst du in das fest versprochene Fußballmatch auf dem Zeltplatz bei (108).

70

Na,wenn man nicht alles alleine macht ... prompt haben diese Bengels den Zucker vergessen.

* Murrend machst du dich bei (51) auf den Weg.

* Wenn du meinst, es muß auch ohne Zucker gehen, dann schau bei (81) nach.

71

Na gut. Du weißt sicher, daß du nun auch die volle Aufsichtspflicht über das Girl hast und sie spätestens am Abend wieder heimschicken mußt. Klar?

* Gehe also mit deinen Kids auf (61).

72

Bianca beschreibt eine schöne, lange Flugbahn und setzt dann mit dem Gesicht genau in einem freistehenden Metallhering auf. Jetzt bist du dran! Die Eltern verklagen dich. Du wirst nach Paragraph 230 StGB (Strafgesetzbuch) wegen fahrlässiger Körperverletzung verurteilt. **DEIN ABENTEUER WIRD FÜR BEENDET ERKLÄRT!**

73

Du bist dir unsicher und schickst den Brief mit einem Begleitschreiben an die Eltern. Das darfst du zwar tun, aber nun weißt du natürlich nicht, was Moritz vor hat.

* Sei's drum. Um eine Last erleichtert gehst du zu deinen Kindern und beginnst bei (46) mit dem Programm.

74

Du sagst den anderen Kindern, daß sie auf Moritz aufpassen und ihn am Weglaufen hindern sollen. Deine Kinder sind nicht gerade begeistert von der Aufgabe, werfen aber trotzdem ein Auge auf Moritz.

* Verfolge bei (64) den Fortgang deines Abenteuers.

75

Na, ganz schön vertrackte Situation. Du kannst jetzt

* alle Kinder dafür zusammenstauchen und dich weigern, irgendein Programm

zu machen, bis die Kohle wieder da ist. Sieh bei (65) nach.
* deinen Vortrag über Sinn und Unsinn von Eigentum und Diebstahl halten und anschließend als pädagogische Vorbildaktion dem Betroffenen die 10.00 DM aus eigener Tasche ersetzen (55), sofern du überhaupt noch so viel Geld hast.
* ein großes Experiment wagen, das bei (86) erklärt wird.

76

Ziehe dir 10.00 DM auf der Abenteuertafel ab und schreibe dir einen Gruppenklimapunkt gut. Die Kinder haben ein Beispiel von solidarischem Verhalten vorgeführt bekommen und der Täter denkt jetzt vielleicht noch einmal über die Tat nach. Kann sein, daß er doch noch zu dir kommt.

* Auf alle Fälle darfst du dir noch zwei Erfahrungspunkte gutschreiben und bei (94) weiterlesen.

77

Du hast Glück! Sonntags ist ein Bademeister am See.

* Willst du aber trotzdem aufpassen? Weiter bei (95).
* Wenn du lieber braun werden und dich auf den Bademeister verlassen willst, dann blättere zu (114).

78

Du und dein Co-Betreuer, ihr müßt euch entscheiden, wie ihr euch verhalten wollt.

* Hast du Sven als Co., dann könnt ihr natürlich nicht beide ins Wasser, ansonsten vergnügt ihr euch vielleicht beide im kühlen Naß?
* Möglicherweise bleibt ihr beide an Land, um so einen besseren Überblick zu haben? Weiter bei (67).
* "Aufteilen" heißt die dritte Möglichkeit: Einer im Wasser, einer an Land. Blättere dann zu (49).

79

Damit hast du Oliver eventuell das Leben gerettet. Gut aufgepaßt in 1.Hilfe. Addiere dir auf der Abenteuertafel einen Erfahrungspunkt hinzu und laß den DRK-Posten am See holen.

* Er diagnostiziert: "Alles wieder O.K.!" Das Freizeitleben kann bei (96) weitergehen.

80

Der DRK-Posten eilt herbei und kann dein Opfer gerade noch aus dem Jenseits zurückholen. Du streichst dir einen Erfahrungspunkt.

* Du investierst 6.00 DM für zwei Bier am Kiosk, um den Sanitäter davon abzubringen, deinem Freizeitleiter Meldung zu erstatten. Geh auf (96).
* Wenn du keine 6.00 DM mehr hast, dann lies bei (50) weiter.

81

Denkste, es geht nicht! Dein Gruppenklima sinkt um einen Punkt und die Kinder proben den Aufstand.

* Du erhebst die Stimme. Die Kinder erheben die Marmeladenbrötchen ... auf (97).

82

Vorsicht ist die Mutter der Porzellankiste. Bianca weicht dem drohenden Unheil mit einem geschickten Sprung aus und donnert den Ball zum entscheidenden 27:0 ins Tor. Schreibe dir einen Erfahrungspunkt gut.

* Die Kinder scheinen ja noch reichlich fit zu sein. Du nimmst dir vor, sie am nächsten Tag mal so richtig ranzunehmen und gehst zu (62).

83

Tja, unangenehm mag es zwar sein, aber in der Tat haben die Eltern das Recht, ihre Kinder jederzeit wieder abzuholen. Du darfst es ihnen nicht verweigern. Darüber klärt dich der Vater, leider auch noch Rechtsanwalt, auf. Dir bleibt nichts anderes übrig, als Moritz ziehen zu lassen. Darüber regst du dich so auf, daß du einen Konditionspunkt verlierst.

* Verfolge dein Abenteuer bei (112) weiter.

84

Du erinnerst dich, daß Moritz weggelaufen ist. In deinem Gehirn fängt es fieberhaft an zu arbeiten. Du bist nervös. Was willst du tun?

* Probierst du es mit der Wahrheit, dann rücke bei (99) damit heraus.
* Versuchst du es besser mit einer Ausrede, so blättere schnell zu (92) weiter.

85

Du holst Moritz und erfährst dann, daß die Eltern ihn gerne mit nach Hause nehmen würden. Sie haben spontan beschlossen, daß er sie doch noch in den geplanten Urlaub am Gardasee begleiten soll.

* Läßt du Moritz gehen? Weiter bei (112).
* Wenn du meinst, die Eltern können ihre Kinder nicht einfach abholen, wann es ihnen paßt, dann lies (83).

86

Du erklärst deinen Kindern, daß sie nun alle der Reihe nach in das Mädchenzelt gehen sollen. Derjenige, der die 10.00 DM hat, soll sie in den großen Umschlag stecken, der dort liegt. So kann das Geld zurückgegeben werden und alles ist wieder in Butter. Du selbst gehst als letzter ins Zelt.

* Für diese gute Idee bekommst du zwei Erfahrungspunkte und gehst auf (101).

87

Ihr habt strahlenden Sonnenschein und seid alleine am See.

* Bei (78) wird eine Entscheidung fällig ...

88

Beine hochlagern ist gut. Aber doch nicht kühlen! Einwickeln hättest du ihn müssen. Der Glücksfall mit Faktor 6 schlägt zu.

* Glückskerl, es geht bei (68) weiter!
* Pech, nun läuft bei (80) alles anders ...

89

Du bist gerade mit deinen Kindern in eine Bastelarbeit vertieft, als dich der Freizeitleiter wegholt. "Sag mal, bist du verrückt? Du kannst doch ein Kind nicht einfach einsperren." Der Freizeitleiter ist ordentlich böse mit dir.

* Dein Selbstvertrauen schwindet zusehens. Ziehe dir je einen Erfahrungs- und Konditionspunkt ab, bevor du bei (112) weiterliest.

90

Die Stimmung ist gut. Etwas zu gut. Vor lauter Übermut bewerfen sich Gabor und Cedric mit Marmeladenbrötchen.

* Wenn das mal gut geht ... - schau bei (97) weiter.

91

Nur gut, daß du wenigstens den 1.Hilfe-Koffer dabei und den Platz vorher nach Scherben abgesucht hast. Bianca fällt zwar voll auf die Schnauze, aber das kleine Wehwehchen ist schnell wieder kuriert. Glück gehabt!

* Morgen, das schwörst du dir, wirst du besser aufpassen. Geh zu (62).

92

"Ihr Sohn ist im Moment nicht da. Wir machen ein Geländespiel und Moritz ist bei der Verfolgertruppe", bringst du stotternd hervor. "Aber Sie können gerne auf ihn warten ..."

* Lies bei (113) nach, wie du diese Suppe auslöffelst.

93

Du bringst Moritz ins Büro und läßt ihn vom Leitungsteam beaufsichtigen. Es sind keine 10 Minuten vergangen, als die Eltern wieder auftauchen.

* "Was woll'n die denn schon wieder?", denkst du und gehst zu (85).

94

Heute gibt es etwas ganz besonderes zum Mittagessen: Wiener Schnitzel mit Pommes. Genüßlich verspeist ihr die Mahlzeit.

* Geht ihr nun bei (66) baden?
* Macht ihr lieber erst einige Spiele? Lies (56).

95

Gut, du bist also gewillt, in der Hitze noch Aufpasser zu spielen; das mußt du auch!!! Ein Erfahrungspunkt für dich!

* Doch wie verabredest du dich bei (78) mit deinem Co-Betreuer?

96

Du schaust auf die Uhr und entdeckst voller Schreck, daß es bereits eine halbe Stunde vor dem Abendessen ist. Euer Weg dauert aber mindestens 25 Minuten. Der Freizeitleiter wird ziemlich unangenehm, wenn ihr zu spät kommt.

* Du treibst deine Kinder aus dem Wasser und in die Klamotten. Abtrocknen ist nicht. Nix wie weg zu (103)!
* Du fügst dich in dein Schicksal und sorgst dafür, daß alle Kinder zuerst einmal ordentlich trocken werden. Dann geht ihr eilig, aber nicht überhastet los zu (107).
* Du schickst die Kinder, die bereits fertig sind, los und gehst mit den letzten, damit du niemanden verlierst zu (59).

97

Bitten, Flehen, Drohen nützt nichts. Das Unglück ist nicht aufzuhalten. Cedric stopft Gabor ein Marmeladenbrötchen in den Kragen. Gabor rächt sich fürchterlich, versehentlich an Bianca und unter begeistertem Gejohle aller anderen Gruppen geht es so richtig zur Sache.

* Wieso eigentlich nicht? Das kannst du auch. Mit einem begeisterten "HORRRRIDOOOOOOHHH" klatschst du die beiden Hälften deines Brötchens deinem Co-Betreuer in die Visage. Schreibe dir zwei Gruppenklimapunkte gut und geh zu (111).
* Du beendest die Show bei (104) mit einem kurzen: "Nachtisch heute Mittag gestrichen"
* Du holst die Kids langsam wieder auf den Teppich und beschließt heimlich, in nächster Zeit mal etwas zum Thema "Hunger in der Dritten Welt" zu machen. Geh zu (69).

98

Bianca schlägt der Länge nach hin. Aber wie durch ein Wunder holt sie sich nur eine winzige Schramme. Sie heult nicht mal. Dir ist der Schreck aber dennoch gewaltig in die Glieder gefahren.

* Morgen, das schwörst du dir, wirst du besser aufpassen. Lies weiter bei (62).

99

"Nehmen Sie doch Platz", sagst du mit zitternder Stimme, "Ihr Sohn ist nicht da!" "Wie meinen Sie das?" fragt dich der Vater schroff. "Er ist mir abgehauen und ich konnte ihn nicht aufhalten. Ich bin mir aber sicher, daß ich Moritz in kurzer Zeit wieder gefunden habe."

* Des Vaters Reaktion folgt bei (113).

100

Gerade als du aufgeben willst, siehst du, wie Moritz gemütlich schlendernd auf den Zeltplatz zurückkommt.

* Du rufst ihn zu dir und liest erleichtert bei (85) weiter.

101

Mache den Glückstest mit Faktor 5

* Wenn du Glück hast, ist das Geld im Umschlag. Deine Methode war erfolgreich. Schreibe dir zwei Gruppenklimapunkte gut und lies bei (94) weiter.
* Hast du Pech, dann kannst du, so du noch hast, die 10.00 DM in den Umschlag legen und bei (76) weiterlesen.
* Hast du Ebbe im Geldbeutel, rufst du bei (109) die Kinder zusammen und präsentierst ihnen den leeren Umschlag.

102

Die meisten deiner Kinder sind recht vernünftig und bleiben in deiner Nähe. Auf den Meldezetteln hast du gelesen, daß du sowieso nur gute Schwimmer hast. Gerade denkst du, daß Oliver wohl etwas weit geschwommen ist, da ertönt sein Hilferuf: "HIIIIHLF ÄÄOUBLUBBGURGELBLUBB". In letzter Sekunde erreichst du ihn. Mit gekonntem Rettungsgriff schleppst du ihn an Land. Was nun? Glücklicherweise hat er kaum Wasser geschluckt. Allerdings hat er einen schweren Schock.

* Du lagerst seine Beine hoch und wickelst ihn gegen Auskühlung in eine warme Decke. Weiter bei (79).

* Du lagerst seine Beine hoch und kühlst ihm die Stirn, um ihn nicht ohnmächtig werden zu lassen. Sieh zu (88).
* Du bringst ihn in die stabile Seitenlage bei (58).

103

INFLUENZA - so heißt das Ding, das sich zwei Drittel deiner Kinder bei dem Gewaltmarsch holen. Zu Deutsch: GRIPPE. So was Verantwortungsloses! Nun seid ihr zwar pünktlich, aber du verbringst die nächsten zwei Nächte an den Betten deiner Kinder. Das kostet dich vier Konditionspunkte. Wenn du Pech hast, dann kriegst du auch noch die Eltern deiner Zöglinge auf den Hals.

* Wenigstens werden deine Kinder alle wieder gesund. Weiter bei (115).

104

Die Kinder sind sauer. Zwei Gruppenklimapunkte Abzug. Um die Stimmung zu heben, schlägst du für den Nachmittag ein heißes Fußballmatch auf dem Zeltplatz vor. Übrigens ist Essensentzug als Strafe nicht zulässig! Dein Freizeitleiter heizt dir ganz schön ein.

* Ziehe dir deshalb einen Erfahrungspunkt ab und blättere zu (108).

105

Du öffnest den Brief und siehst dich in deinem Verdacht bestätigt. Allerdings hast du nach Paragraph 202 Abs. 1 StGB (Strafgesetzbuch) das Briefgeheimnis verletzt, das auch für Kinder gilt. Dafür kannst du bis zu einem Jahr Knast bekommen. Mache den Glückstest mit Faktor 5 ...

* Bestehst du, dann bleibt diese kleine Affaire dein Privatgeheimnis. Geh zu (63).
* Bestehst du nicht, dann sieht dich dein Co-Betreuer beim Öffnen. Der schweigt zwar, aber er findet deinen Eingriff nicht besonders gut. Ziehe dir einen Gruppenklimapunkt ab und gehe zu (63).

106

Du sperrst Moritz in die Materialhütte ein und gehst verärgert zu deinen Kindern zurück.

* Diese erwarten dich schon bei (89).

107

Ihr kommt läppische fünf Minuten zu spät. Nochmal Glück gehabt. Wäre auch echt schade gewesen, wenn ihr die leckeren Fischstäbchen verpaßt hättet. Schreibe dir einen Erfahrungspunkt gut.

* So abgekämpft wie deine Cracks sind, schlafen sie anschließend früh und problemlos ein. Schau bei (115) was dir der neue Tag bringt.

108

Das von den Kindern heißersehnte Fußballspiel soll um 14.00 Uhr steigen. Gerade willst du es anpfeifen, da erscheint Tanja, eine gute Freundin von Maike aus deiner Gruppe. Sie wohnt in der Nähe und stattet euch einen Besuch ab. Die Kinder wollen, daß sie mitspielt.

* Du hast da auch nichts dagegen. Weiter bei (71).
* Nee, bloß nicht! Lieber ziehst du dir einen Gruppenklimapunkt ab, als daß du dir noch einen Risikofaktor mehr anlachst. Lies weiter bei (45).

109

Das Geld ist also nicht mehr aufgetaucht. Die Stimmung in der Gruppe sinkt dadurch erheblich (minus zwei Gruppenklimapunkte). Die Kinder mißtrauen nun einander. Hättest du die Kohle doch wenigstens in den Umschlag gelegt. Das wäre ein geschickter pädagogischer Schachzug gewesen.

* Die (94) ist deine nächste Station.

110

Du mußt Moritz finden, sonst ist deine kurze Pädagogenkarriere ein für alle Mal beendet. Gerade willst du in Richtung Dorf losstürmen, als dir ein Bauer begegnet, deinen Ausreißer am Ohr herbeischleppend. "Der da hat mir mei Obschdbeem blinderd" brummt er. Du versuchst ihn zu beschwichtigen, drückst ihm 10.00 DM als Ersatz in die Hand und schleppst Moritz zurück. Doch die Eltern sind bereits abgefahren. Was nun?

* Das Balg zur Strafe über Nacht einsperren? Lies (106).
* Moritz ins Büro bringen und dort beaufsichtigen lassen, bis ihn die Eltern abholen? Geh zu (93).
* Den Jungen ihn noch einmal ermahnen und dann ganz normal mit dem

Programm fortfahren. Weiter bei (54).
* Nach einer letzten Ermahnung wirst du die anderen Kinder bitten, auf ihn aufzupassen. Blättere zu (74).

111

Dein Co-Betreuer ist davon nicht so begeistert. Humor hat er auch keinen. Er verpfeift dich beim Freizeitleiter und der entscheidet, daß du das ganze Schlachtfeld alleine aufräumen darfst. Ein Konditionspunkt ist futsch! So etwas sollte ein erfahrener Betreuer auch nicht tun.

* Dein Weg führt dich zu (108).

112

Der Abend verläuft ausnahmsweise einmal problemlos. Du kannst dich früh in den Schlafsack verkrümeln. Wurde aber auch Zeit, nach dem Streß der letzten Tage. Die erholsame Nacht beschert dir drei Konditionspunkte. Noch vor dem Frühstück kommt allerdings der nächste Schock: einem deiner Kinder sind über Nacht 10.00 DM aus der Tasche gestohlen worden. Als Täter kommt nur ein Kind aus deiner Gruppe in Frage.

* Vielleicht kommst du dem Täter bei (75) auf die Spur?

113

"Ich glaube ihnen kein Wort!" brüllt der Vater. "Hören sie, wir haben ein Recht darauf, Moritz zu sehen. Bringen sie ihn her. Und zwar sofort!" Versuche dein Glück mit Faktor 9:

* Gelingt es, dann lies bei (100) weiter.
* Wenn nicht, dann schau bei (110) nach.

114

So was Dummes, ...du bist natürlich trotzdem verpflichtet, aufzupassen. Nun liegst du in der Sonne und bist bald eingeschlafen. Plötzlich ... ein Höllenlärm!

* Offenbar scheint etwas passiert zu sein. Renne schnell zu (102).

Es geschah am hellichten Tag!

Kapitel 3

115

Die nächsten Tage vergehen wie im Fluge. Deine Kinder wachsen zu einer richtig tollen Gruppe zusammen. Du darfst dir als neuen Wert 25 Gruppenklimapunkte eintragen. Prächtig ausgeruht startest du mit fünf weiteren Konditionspunkten in den nun folgenden Tag.

* Für heute hast du dir für deine Gruppe ein unheimlich spannendes Geländespiel ausgedacht, das bei (129) beginnt.

116

Eine alte, etwas schwerhörige Dame steht hinter der Kasse. "Guten Tag, haben sie etwas zu essen?" fragst du sie. "Ha, noi, dä Ölschdand ko i ed messe." Nach längeren Verständigungsproblemen ist dir klar, daß du hier keine Chance hast.

* Du gehst mit deinen Kindern weiter zu (119).
* Willst du versuchen, deinen Freizeitleiter anzurufen? Geh zu (151).
* Plünderst du doch lieber das Obstgärtchen hinter dem Haus? Suche (128).

117

Du stellst fest, daß der Weg den Bach hinunter in Richtung Westen führt.

* Also müßte bei (121) irgendwo der Zeltplatz sein.

118

Tja, eigentlich wärest du nach der Rechtslage verpflichtet, einzugreifen. Einen Erfahrungspunkt Abzug. Aber du hast Glück gehabt und es ist nichts passiert.

* Na denn, auf zum Geländespiel bei (140).

119

* Frustriert, mit drei Gruppenklimapunkten weniger, zieht ihr von dannen zu (121).

120

* Hast du Gabi als Co-Betreuerin gewählt? Weiter bei (145).
* Teamst du mit Sven, Katja oder Kalle, geh zu (137).

121

Nach einiger Zeit landest du wieder auf einer größeren Straße. Du gehst mit deinen Kindern natürlich links im Gänsemarsch und addierst dir dafür einen Erfahrungspunkt. Euch kommt ein Fahrzeug entgegen - ein BMW 316 Turbo.

Der Fahrer weicht euch aus, kommt dabei wegen überhöhter Geschwindigkeit ins Schleudern und landet im Graben. Der PKW ist etwas verschrammt, fährt aber noch. Alle Beteiligten sind mit dem Schrecken davon gekommen. Wer ist schuld?

* Ihr, da ihr auf der Straße gelatscht seid? Weiter bei (123).
* Na, der Raser. Er hätte eben besser aufpassen und nicht so schnell fahren sollen. Suche (141).
* Beide Seiten haben eine Teilschuld. Lies (152).

122

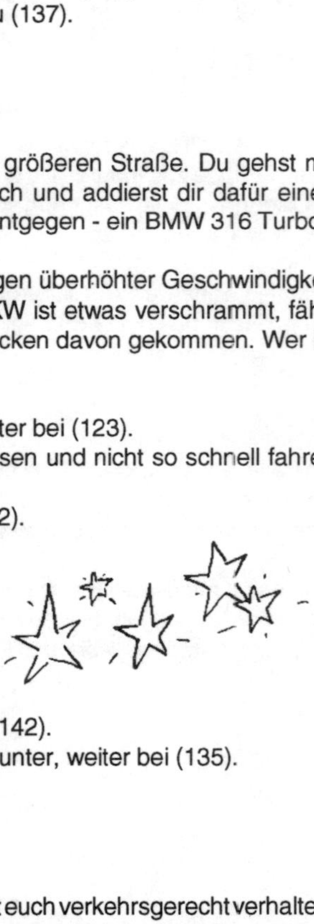

Na, wie sieht's mit deiner Erfahrung aus?

* Hast du mehr als 25 Erfahrungspunkte, lies (142).
* Liegst du bei 25 Erfahrungspunkten oder darunter, weiter bei (135).

123

Falsch! Nur der Trottel von BMW-Fahrer. Ihr habt euch verkehrsgerecht verhalten, er nicht! Da du das aber nicht schnallst, macht der Typ dir 'ne riesen Szene. Hast du noch Geld?

* Dann knöpft er dir dein letztes Geld ab - für die Reparatur, wie er sagt. Er setzt sich in seine Kiste und braust davon. Ihr geht zu (143). Streiche dein Geld von der Abenteuertafel.

* Hast du kein Geld mehr, dann haut er dir im Eifer des Wortgefechts eine hinter die Ohren. Noch bevor du reagieren kannst, ist er weg. Weiter bei (143).

124

Deine Kinder sind völlig erschöpft. Ziehe dir noch einen Gruppenklimapunkt ab. Da es dir jedoch nicht besser geht, entfällt auch noch ein Konditionspunkt.

* Ihr macht euch weiter auf den Weg zu (159).

125

Wäre ja beinahe richtig gewesen, wenn da nicht rechts der breite Seitenstreifen wäre. Ist ein solcher vorhanden, habt ihr ihn auch zu benutzen. Stelle dein Glück auf die Probe (Faktor 4):

* Klappt's, dann kommt ihr glücklich bis zum nächsten Pfeil, der euch nach rechts in den Wald hineinführt. Geh zu (149).
* Verlierst du, so gelangst du zu (161).

126

Du erzählst erst einmal in aller Ruhe die Story eurer Odyssee. Doch die Kinder werden langsam unruhig. Sie sind hungrig wie ein Rudel Wölfe und zum Umfallen müde.

* Ihr beschließt bei (162), in die Baustelle hineinzugehen.

127

Tja, rechtlich wärest du ja eigentlich verpflichtet, einzugreifen. Einen Erfahrungspunkt Abzug. Und gleich noch einen Konditionspunkt für unnötiges Herumgerenne.Wenigstens hast du Glück gehabt und es ist nichts passiert.

* Bei (140) geht ihr nun endgültig zum Geländespiel.

128

Gerade seid ihr über den Zaun geklettert und haltet jeder einen leckeren Apfel in der Hand, als euch wütendes Hundegebell aufschreckt. Zwar ist Äpfelstehlen "nur" Mundraub, aber dennoch darf der rechtmäßige Besitzer sich dagegen wehren. Das tut er auch! Er ballert euch mit einer Schrotflinte hinterher (das darf er nun wieder nicht - aber er tut's trotzdem). Ihr rennt um euer Leben, was dich auf alle Fälle einen Konditionspunkt kostet. Als ihr euch beruhigt habt, stellt ihr fest, daß ihr euch wieder auf der altbekannten Lichtung befindet. Was nun?

* Bachaufwärts zu (138)?
* Bachabwärts zu (121)?
* Den dritten Weg, den du noch nicht gegangen bist? Du kommst zu (157).

129

Dein Co-Betreuer wird mit der Hälfte der Kinder gleich nach dem Frühstück davonstürmen. Ihr gebt ihnen eine halbe Stunde Vorsprung, dann geht's hinterher. Die anderen müssen alle paar Meter einen Pfeil hinterlassen - sie dürfen aber auch Sackgassen legen. Malen sie einen Kreis, so findet ihr im Umkreis von 3m eine Information versteckt.

* Stürme zu (122).

130

Na, da habt ihr euch wohl gehörig verlaufen. Langsam wird es Abend und ihr habt keine Ahnung, wie ihr den anderen Teil eurer Gruppe, geschweige denn den Zeltplatz wiederfinden könnt. Außer dem Weg, den ihr gekommen seid, führen drei Wege von der Lichtung.

* Hast du einen Kompass bei dir? Dann gehe zu (117).
* Sonst, hast du die Möglichkeit, zurückzugehen. Dann kommst du zur (144).
* Oder geht ihr den Weg, der genau gegenüber aus der Lichtung führt? Lies (157).
* Quer vor euch fließt ein kleiner Bach. Also könnt ihr bachaufwärts zu (138) ...
* ... oder bachabwärts zu (121) marschieren.

131

Gerade als das Loch im Zaun groß genug ist, um die Kinder und dich durchzulassen, legt sich von hinten eine Hand auf deine Schulter.

* Du drehst dich langsam um? Lies bei (150) wer hinter dir steht.
* Du rufst deinen Kindern zu, sie sollen verschwinden und wirfst dich auf die Gestalt hinter dir. Weiter bei (120).

132

Ihr kommt an eine kleine Straßenkreuzung. Als ihr die Büsche auseinanderbiegt, seht ihr eine alte Tankstelle.

* Willst du an der Tankstelle etwas zum Essen kaufen? Tu's bei (116).
* Willst du dort versuchen, deinen Freizeitleiter anzurufen? Gehe zu (136).
* Wollt ihr versuchen, euch in dem kleinen Obstgärtchen hinter dem Haus ein "Abendessen" zu besorgen? Lies (128).

133

Klug gehandelt: d.h. zwei Erfahrungspunkte zusätzlich! So kommt ihr sicher bis zum nächsten Pfeil.

* Er führt euch rechts in den Wald hinein zu (149).

134

Du schleichst dich langsam und vorsichtig von der Seite an den Schatten heran. Da hörst du ein leises Wimmern - das ist doch ... Boris? Richtig! Er sitzt hier ganz allein und weint. Du tröstest ihn und fragst ihn nach den anderen. Er flüstert dir zitternd, daß er sie erst vor wenigen Minuten in der völligen Dunkelheit verloren hat. Der Rest eurer Gruppe hat sich ebenfalls schon am frühen Abend verlaufen und sucht nun nach dem richtigen Weg.

* Du nimmst Boris an die Hand und machst dich auf den Weg zu (124). Inzwischen einen Erfahrungspunkt reicher!

135

Bevor es losgeht, ermahnst du noch einmal alle Kinder und klärst sie über die möglichen Gefahren auf. Dann packst du deinen Rucksack: Insgesamt passen fünf Gegenstände hinein. Wähle aus untenstehender Liste bis zu fünf Dinge aus und trage sie auf deiner Abenteuertafel ein.

Es kann sein, daß du unterwegs weitere Gegenstände findest. Die darfst du dann auch mitnehmen, aber du darfst nie mehr als fünf Dinge in deinem Rucksack haben. Für den sechsten Gegenstand mußt du einen anderen auspacken.

* Führe immer genau Protokoll! Weiter bei (154).

136

Leider hat der Schuppen geschlossen. Und das wohl schon seit Jahren, so verfallen wie das Ding aussieht. Auch das Obstgärtchen ist verdorrt. So eine Pleite!

* Du streichst dir einen Gruppenklimapunkt ... und machst dich auf den Weg der einen Straße entlang zu (121).

137

Gerade willst du dem Typ die Schnauze polieren, da merkst du, daß es sich um deinen Co-Betreuer handelt. Deine Nerven sind wirklich runter, sonst wärest du nicht so ausgerastet.

* Na, jedenfalls liegt ihr euch bei (126) dann glücklich in den Armen.

138

Du läufst und läufst und ... plötzlich stehst du vor einem Wasserfall. Es geht weder rechts noch links.

* Also mußt du unverrichteter Dinge wieder zu (130) umkehren und dieses Mal einen anderen Weg wählen. Die Anstrengung kostet dich einen Konditionspunkt.

139

Ihr folgt den Stimmen und kommt ihnen langsam näher. Dann aber werden sie wieder leiser... merkwürdig!

* Scheint es sich bei (159) um Kinderstimmen zu handeln?

140

Der erste Pfeil führt euch gleich entlang der Landstraße in Richtung Wald.

* Ihr geht im Pulk auf der linken Seite. Dann gehe du voraus zu (155).
* Ihr geht auf dem rechten Seitenstreifen (links hat es keinen). Dein Ziel ist (133).
* Ihr geht im Gänsemarsch am äußersten linken Fahrbahnrand zu (125).

141

Richtig! Als der Typ aussteigt und pampig wird, klärst du ihn darüber auf, daß ihr euch gemäß Paragraph 25 Abs. 1 StVO (Straßenverkehrsordnung) richtig verhalten habt. Er trägt die Alleinschuld. Schreibe dir einen Erfahrungspunkt gut.

* Der Raser brummelt noch ein bißchen rum, hat aber Respekt vor deinem fundierten Wissen und schleicht sich dann davon. Gehe du zu (143).

142

Natürlich hast du mit deinem Co-Betreuer einen Punkt ausgemacht, an dem ihr euch um 17.00 Uhr treffen wollt, falls ihr euch vorher nicht findet. Es ist die alte Burgruine Leonfels, ein beliebter Ausflugsort.

* Sicher vergißt du auch den 1.Hilfe-Koffer nicht, wenn du dich auf den Weg zu (135) machst.

143

Weiter und weiter marschiert ihr. Plötzlich seht ihr in der nun schon tiefen Dunkelheit einen Schatten auf der anderen Straßenseite am Boden sitzen.

* Willst du gerne nachsehen, wer oder was da sitzt? Du erfährst es bei (134).
* Gehst du weiter zu (147), ohne ein unnötiges Risiko einzugehen?

144

Taktischer Rückzug?! Aber ihr findet bei der hereinbrechenden Dämmerung keine Pfeile mehr. Wahrscheinlich habt ihr sie zertrampelt. Deine Kinder murren, sie haben Hunger.

* Versuche dennoch mit ihnen (132) zu erreichen.

145

Als du aus einer langen und tiefen Ohnmacht erwachst, kniet Gabi neben dir. "Du Dummkopf" flüstert sie, "wenn du über mich herfällst wie Rambo über seine Opfer, dann muß ich mich eben wehren. Tut mir echt leid, daß ich dich so hart erwischt habe." Du bist erleichtert. Jetzt seid ihr wenigstens wieder zusammen.

* Auch wenn sich Gabi ebenfalls verirrt hat - sieht die Welt doch nun wieder etwas rosiger aus. Blättere zu (126).

146

Eure Flucht führt euch quer in den Wald hinein. Einmal hört ihr hinter euch ein Martinshorn und du denkst schon, die Polizei ist euch auf den Fersen.

Den Kindern macht das alles mächtig Spaß, also zwei Gruppenklimapluspunkte. Du bleust ihnen ein, daß sie auf gar keinen Fall eine Notrufsäule anfassen sollen. Die "Lebensretter" sind schließlich nur für Erwachsene und zur Meldung schwerer Unfälle gedacht. Füge dir einen Erfahrungspunkt hinzu.

* Schließlich setzt ihr euch auf einer Waldlichtung nieder, da ihr müde seid. Vor euch liegt (130).

147

Nach einiger Zeit hörst du rechts im Wald ein mehrstimmiges, leises Rufen.

* Folgst du ihm zu (139)?
* Ignorierst du es lieber, um auf (124) weiterzugehen?

148

Genau richtig! Die Rechtslage schreibt vor, daß du dich in solchen Situationen auch um gruppenfremde Kinder kümmern mußt. Du darfst zwei Erfahrungspunkte gutschreiben ...

* ... und, nachdem du souverän alle Probleme erledigt hast, endlich zum Geländespiel bei (140) starten.

149

Der Weg führt euch durch den Wald, immer weiter Richtung Osten. Die eine oder andere Sackgasse kann euch aber nicht aufhalten. Zwei Informationen habt ihr schon gefunden. Für die erste Info habt ihr einen Riesenstapel Holzscheite durchwühlt; dein Co-Betreuer hat echt 'nen Schuß.

* Nach einiger Zeit landet ihr wieder an einer Straße; dieses Mal ohne Seitenstreifen. Suche (158).

150

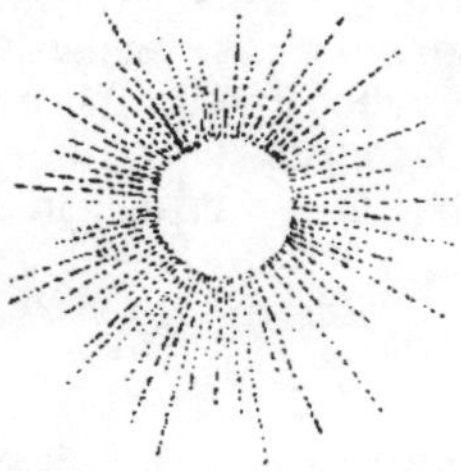

Es ist dein Co-Betreuer mit den restlichen Kindern!

* Sprachlos und glücklich fallt ihr euch bei (126) in die Arme.

151

“Ha noi, ä Dälefohn hen mir au ed.” Das hättest du dir ja auch denken können. Die Zivilisation scheint an diesem Ort gänzlich vorbeigezogen zu sein. Nach dem Weg zu fragen, das hat wohl auch keinen Sinn.

* Du gehst mit deinen Kindern weiter die Straße entlang zu (121).
* Plünderst du nicht doch das Obstgärtchen? Vielleicht gibt's bei (128) ja Konditions- oder Gruppenklimapunkte?

152

Nur der Raser ist schuld! Ihr habt euch verkehrsgerecht verhalten, er nicht! Aber das hast du ja nicht gecheckt. Deshalb bist du froh, als der Typ sich nicht weiter aufregt und meint, der Schaden sei ja nicht so gewaltig.

* Er fährt schließlich weiter und du gehst nach (143).

153

“Polizeidienststelle Hochdorf, Notruftelefon! Nennen Sie bitte Ihren Namen, den Unfallort und die Anzahl der Verletzten ...” plärrt eine Stimme aus dem Lautsprecher. Du stotterst: “Ja, äh, ich dachte, es wäre und ... überhaupt”. Schleunigst machst du dann, daß du mit deinen Kindern davonkommst.

* Im Verlauf der wilden Flucht verlierst du zwei Konditionspunkte. Geh zu (146).

154

Die andere Gruppe ist seit einer halben Stunde unterwegs. Du sammelst deine Meute und pfeifst die Jagd an. Gerade willst du, aus dem Zeltplatz kommend, in Richtung Wald einbiegen, da siehst du, wie sich auf der gegenüberliegenden Straßenseite zwei Jungs einer anderen Gruppe prügeln.

* Du sagst deinen Kindern, daß sie warten sollen und rennst über die Straße, um den Streit zu schlichten. Geh zu (148).
* Du rennst zurück, um schnell einen Betreuer der Gruppe zu holen. Lies (127).
* Du sorgst dafür, daß deine Kinder möglichst wenig von der Prügelei mitbekommen. Abends wirst du den anderen Betreuern darüber berichten. Auf zu (118).

155

So ein Unsinn! Du hättest auf dem rechten Seitenstreifen gehen müssen. Nur wenn keiner vorhanden ist, mußt du links der Straße gehen. Aber dann natürlich hintereinander und nicht im Knäuel.

* Ziehe weiter zu (161).

156

Plötzlich sind die Pfeile verschwunden. Weit und breit kein Pfeil und keine Menschenseele.

* Gibt es bei (130) Böses festzustellen?

157

Bereits nach wenigen Metern wird der Boden sumpfig. Du versuchst noch weiterzugehen, aber dann siegt doch dein Verantwortungsbewußtsein.

* Du gehst zurück zu (130) und wählst einen anderen Weg. Einen Konditionspunkt kostet dich der vergebliche Versuch jedoch!

158

Auf dem Boden ist ein Kreis. Hier ist also eine Information versteckt. Nach langem Suchen entdeckt ihr ein paar alte Handschuhe und eine Sonnenbrille. Willst du einen oder beide Gegenstände einpacken? Das geht O.K. - aber denk daran: insgesamt höchstens fünf Gegenstände im Rucksack!

Das einzige, was noch im Umkreis von 3m zu finden ist, ist eine Notrufsäule (die kannst du natürlich nicht einstecken).

* Du drückst auf den dicken roten Knopf, der auf der Vorderseite angebracht ist. Blättere zu (153).
* Du denkst dir, daß das sowieso keinen Sinn hat, ziehst dir einen Gruppenklimapunkt ab und machst bei (160) weiter.

159

Unerwartet ist der Wald zu Ende. Vor euch liegt eine riesige Baustelle völlig verlassen da. Die Einzäunung ist sehr mangelhaft. Am Bauzaun hängt das bekannte Schild: ELTERN HAFTEN FÜR IHRE KINDER!

* Vielleicht sind dort Menschen? Du versuchst bei (131) einzudringen.

160

Dafür geht's jetzt wieder mit erhöhter Eile den Pfeilen nach. Ihr schlagt euch durch Täler, über Hügel, Bäche und Wege entlang. Die Gegend wird immer unwirtlicher.

* Das Dickicht ist schon fast zu einer Art Urwald zusammengewachsen und ihr folgt einem winzigen Trampelpfad bis zu einer kleinen Waldlichtung bei (156).

161

Die Straße macht einen scharfen Linksknick. Plötzlich kommt wie der Blitz ein Golf GTI, silbermetallic, Frontspoiler, 180 PS, Pirelli-Breitreifen, um die Kurve geschossen. Der Typ am Steuer kann gerade noch ausweichen, aber er hat Pech! Er landet auf der Gegenfahrbahn geradewegs in einem Tankwagen. Feuer und Rauch! **DEIN ABENTEUER IST BEENDET!**

Betreten verboten!

Kapitel 4

162

Keine Menschenseele da! Wahrscheinlich schon alle Feierabend gemacht. Und morgen ist noch ein Feiertag - da wird auch keine Sau kommen. Das sind ja rosige Aussichten! Ihr lauft vor das Hauptgebäude des Komplexes. Ein 20-stöckiges Hochhaus. Im Rohbau gerade fertiggestellt. Du sagst laut: "Von da oben könnte man gewiss das nächste Dorf sehen!" als gerade ein Regenschauer auf euch hereinbricht.

* Ihr sucht Schutz in einer halbfertigen Garage bei (181).

163

Prima, denn Farne stehen strengstens unter Naturschutz. Auch wenn man es dir nicht hätte übelnehmen können ... doch es passiert nichts, deine beiden Cracks sind bald zurück - leider mit leeren Händen.

* Dir bleibt nichts anderes übrig, als doch noch in den Neubau bei (176) umzuziehen.
* Oder du überlegst dir, daß du dann doch eher die Tiefgarage vorziehst. Geh zu (190).

164

Du stellst dein Glück auf die Probe (Faktor 8):

* Geht alles gut, so ziehe weiter zu (186).
* Als Pechvogel liest du (168).

165

Der Balkon bricht im heulenden Sturm unter dir weg, als sei er aus Wellpappe. In letzter Sekunde bekommst du mit einer Hand ein herabhängendes Kabel zu fassen. Während unter dir die Hölle los ist, ziehst du dich in den Gang zurück.

* Nach einigen Minuten Pause und 3 Konditionspunkten weniger gehst du bei (174) weiter. Zeit ist kostbar!

166

Glücklich bist du wieder auf ebener Erde angekommen. Gerade willst du dich, bereits ohne alle Hoffnung, zu deiner Gruppe zurückbegeben, als du plötzlich leise, aber deutlich zu vernehmende Hilferufe hörst. Sie kommen aus dem Kellereingang, den du gerade passiert hast.

* Du stürmst sofort hinein zu (194)!

167

Schon ziemlich schlaftrunken, zählst du deine Kinder noch einmal durch. SCHLUCK! Da fehlen doch zwei!!!!!

In Panik rennst du auf den Platz. Dir verschlägt es die Sprache: Stehen die beiden doch tatsächlich oben auf dem Dach des Hochhauses! Wahrscheinlich haben sie nur deinen dummen Spruch von gerade eben befolgt und suchen nach einem Dorf. Nichts wie hinterher. Dein Rufen können sie im tosenden Sturm nicht hören.

* Du stürmst in vollem Tempo das Treppenhaus hinauf zu (191).

168

Mit einem lauten Hilferuf stürzst du kopfüber in den Schacht. Zum Glück ist er nicht tief und zur Hälfte mit Wasser gefüllt. Du rappelst dich stöhnend wieder aus dem Loch, was dich einen Konditionspunkt kostet.

Hast du die Wechselklamotten im Rucksack? Dann darfst du sie jetzt anziehen (und von deiner Abenteuertafel streichen). Wenn nicht, dann machst du dich frierend und mit noch einem Konditionspunkt weniger wieder auf den Weg.

* Weitermarsch in jedem Fall zu (186).

169

Du bist auf einem erst halbfertigen Balkon gelandet. Der eisige Wind und schwere Regentropfen pfeifen dir ungeschützt um die Ohren. Gerade willst du wieder hineingehen, als du merkst, daß der Boden unter deine Füßen nachgibt...

* Hast du mehr als 30 Konditionspunkte, dann geh zu (165).
* Ansonsten mache den Glückstest mit Faktor 6: Bestehst du ihn, kannst du ebenfalls nach (165) weitergehen; läßt dich dagegen dein Glück im Stich, ist die (193) angesagt.

170

Das Gerüst bebt im Sturm unter dir, als wolle es jeden Augenblick zusammenstürzen.

* Das ist dir dann doch zu heikel. Du kletterst bei (166) schnell wieder abwärts.
* Koste es, was es wolle, du mußt die beiden Ausreißer wiederfinden. Du weißt, sonst bist du dran, wenn ihr jemals zurückkehrt. Also beißt du die Zähne zusammen und kämpfst dich bei (175) weiter nach oben.

171

Am Ende des Ganges traust du deinen Augen nicht. Du stehst in einer riesigen Tiefgarage. Gleich neben dir liegt eine schwere Stahltüre, durch die du nun deutlich die Hilferufe vernimmst. Du öffnest sie und findest deine beiden Verirrten. Sie waren in den Raum gegangen und hatten dummerweise die Tür hinter sich zufallen lassen - die hat innen leider keinen Griff. Wenn du sie nicht aufgespürt hättest, wären sie jämmerlich verhungert. Du hälst ihnen noch eine Strafpredigt, aber du bist dir sicher, daß die beiden ohnehin nie wieder in ihrem Leben abhauen werden. Denen langt's!

- Dir auch! Du willst endlich schlafen. Deine Kinder können sich auch kaum noch auf den Beinen halten.

* Übernachtest du mit der ganzen Truppe in der Tiefgarage? Geh zu (190).
* Sucht ihr euch irgendwo im Neubau ein lauschiges Plätzchen? Blättere zu (176).
* Dir ist der Laden nicht mehr ganz geheuer und ihr übernachtet im Wald. Du weißt ja, wie man schnell ein Lager baut. Suche den Platz bei (184).

172

Nach wenigen Metern trittst du plötzlich ins Leere. Verzweifelt versuchst du Halt zu finden.

* Wird es dir bei (168) noch gelingen?

173

Na, Material hat's da keines. Dafür steht ein verstaubter Getränke-Kasten herum. Leider ist nur noch eine Flasche mit etwas abgestandenem Cola drin. Willst du dich über die abgestandene Cola hermachen? Schließlich ist noch kein Fall bekannt, der an so etwas verendet sein soll. Dann beschert dir der Genuß sogar mit sofortiger Wirkung einen Konditionspunkt.

Oder verzichtest du doch lieber dankenderweise auf diese braune Flüssigkeit, den Konditionspunkt sowie eventuell eintretende Nachwirkungen?

* Auf alle Fälle schaust du bei (178) wie's auf dem Gang weitergeht.

174

Der Gang führt dich nach fünf Metern an eine Treppe, die weiter nach oben führt.

* Gehst du auf ihr nach oben zu (187)?
* Oder schaust du erst noch hinter eine Tür, die links von dir liegt? Weiter bei (196).
* Rechts ist allerdings auch noch eine Tür und dahinter hörst du ein scharrendes Geräusch. Riskierst du den Eintritt zu (188)?

175

Gleich hast du's geschafft! Nur noch wenige Meter. Aber deine Hände sind in dem eisigen Sturm fast erfroren.

* Hast du die Handschuhe dabei? Dann ziehe sie an, streiche sie von der Rucksackliste und geh auf (183).
* Ohne Handschuhe machst du den Glückstest mit Faktor 7: Bei Bestehen begibst du dich ebenfalls zu (183).
* Dein Pech führt dich zu (179).

176

Der Sturm heult euch um die Ohren. Es pfeift aus allen Ritzen. Aber trocken ist es wenigstens. Deine Kinder schlafen wie die Lämmer und tanken neue Kraft. Schreibe dir zwei Gruppenklimapunkte gut.

* Mal seh'n, vielleicht sieht morgen die Welt ja schon wieder viel rosiger aus. Du erwachst bei (197).

177

Schon wieder mußt du dich auf dein Glück verlassen. Teste Faktor 8:

* Klappt's, so sieh bei (186) nach.
* Im Unglücksfall landest du bei (168).

178

Nach wenigen Schritten stehst du bereits vor einer Mauer.

* Links geht der Gang bei (174) weiter.
* Rechts befindet sich eine offene Tür, die dich zu (169) weiterführt.

179

Du versuchst dich mit unendlicher Willensanstrengung auf das Dach zu retten. Nur wenige Zentimeter vor der rettenden Dachkante rutschst du ab. Du kannst dich gerade noch wieder fangen. Bei der Erschütterung verlierst du aber zwei Gegenstände aus deinem Rucksack (die zuletzt eingetragenen).

* Lies weiter bei (183).

180

Na, verständlich ist es ja, aber wußtest du nicht, daß Farne streng unter Naturschutz stehen? Das bedeutet einen Erfahrungspunkt Abzug. Die Kinder schlafen aber wenigstens trocken, das bringt einen Gruppenklimapunkt.

* Der nächste Morgen beginnt für euch bei (197). Hoffentlich etwas besser!

181

Es regnet in Strömen. Ein typisches ekelhaftes Sommergewitter mit orkanartigen Böen und üblen Blitzen vermiest euch die Stimmung. Hast du ein Feuerzeug oder Streichhölzer? Dann machst du ein wärmendes Feuer aus herumliegendem Bauholz, wodurch du vier Gruppenklimapunkte bekommst. Plötzlich entdeckst du eine Signalpistole in der Garage.

* Du kannst sie als fünften Gegenstand in deinem Rucksack mitnehmen und dein Abenteuer bei (167) fortsetzen.

182

Vor dir liegt ein zweiter Raum. Er steht voll mit alten halbvollen Ölfässern. Auf einem dieser Fässer liegt ein eingepacktes, wohl vergessenes, Butterbrot. Dein Magen meldet energisch Hunger an.
* Willst du riskieren, in das Brot hineinzubeißen? Geh zu (192).
* Wenn du es lieber liegenläßt, gehst du durch die rechts liegende Tür. Sie müßte nach deinen Berechnungen direkt auf den Gang zurückführen. Lies (186).

183

Du erreichst völlig erschöpft die Dachkante. Aber der Anblick ist frustrierend: keine Kids weit und breit. Du gehst die Kante entlang, um festzustellen, ob sie vielleicht hinuntergefallen sind. Glücklicherweise scheint davon keine Spur.

Stattdessen entdeckst du etwas anderes: einen funktionsfähigen Fahrstuhl. Du könntest dich totärgern (tu's besser nicht, sonst ist dein Abenteuer beendet!). Die Stockwerkanzeige bewegt sich noch. Die Kinder sind also gerade nach unten unterwegs. Im 2. Kellergeschoß bleibt die Anzeige stehen.

* Du holst den Fahrstuhl nach oben und setzt ihnen nach. Wehe ihnen, wenn du sie bei (194) erwischst.

184

Der Sturm legt sich langsam etwas. Aber regnen tut's noch immer. Ein Lager habt ihr bald aufgebaut, aber richtig dicht will es einfach nicht werden.

* Nehmt ihr den direkt dort in Massen wachsenden Farn, um die Abdeckung dicht zu bekommen? Blättere zu (180).
* Schickst du lieber zwei Kinder nach etwas Reisig suchen? Gehe zu (163).

185

Knarrend öffnet sich die Tür. Der Raum ist vollkommen leer. Nur ein langes Seil liegt auf dem unfertigen Betonboden. Du kannst es mitnehmen, wenn du in deinem Rucksack noch Platz hast.

* Gehe dann zurück zu (195) und wähle einen anderen Weg.

186

Geschafft! Glücklich stehst du auf der anderen Seite des Schachts. Du gehst vorsichtig weiter, bis nach einiger Zeit sprühende Funken vor dir auftauchen. Genau an der Stelle, an welcher der Gang einen Knick nach rechts macht, hat der durch alle Ritzen heulende Sturm ein Starkstromkabel aus der Halterung gerissen. Du zwängst dich, eng an die gegenüberliegende Wand gedrückt, daran vorbei.

UFF, noch einmal gutgegangen. Rechts findest du wieder eine verschlossene Tür mit der Aufschrift "Materiallager".

* Versuchst du, sie zu öffnen, um zu (173) zu kommen?
* Wenn du doch lieber gleich weitergehst, kommst du zu (178).

187

Bereits ein Stockwerk weiter endet die Treppe.

* Um das Dach zu erreichen, bleibt dir nichts anderes übrig, als auf dem Außengerüst zu (170) weiterzuklettern.

188

Quietschend geht die Tür auf. Unendlich langsam und mit allem rechnend, schiebst du deinen Kopf in den Raum. Auf dem Absatz vor dem gähnenden schwarzen Loch, welches einmal ein Fenster werden soll, leuchtet dir ein gefährlich glitzerndes Augenpaar entgegen. Du nimmst all deinen Mut zusammen und gehst vorsichtig darauf zu: plötzlich hörst du ein Quieken und ein Schatten huscht an dir vorüber - ein Eichhörnchen!

* PUUUH! Auf den Schreck würdest du jetzt gerne einen trinken. Da du aber nichts bei dir hast, machst du dich unverrichteter Dinge auf den Weg ins nächste Stockwerk zu (187).

189

Sie ist unverschlossen. Vorsichtig und langsam schiebst du deinen Körper in den Raum. Auf dem Fensterbrett liegt ein Päckchen Streichhölzer. Willst du es mitnehmen?

Rechts in der Wand ist eine Öffnung, durch die du dich durchzwängen könntest.

* Willst du versuchen, durch die Öffnung zu (182) zu kommen?
* Gehst du von hier aus doch lieber wieder zurück zu (195).

190

Es ist zwar nicht sehr gemütlich, dafür aber trocken. Du läßt die Kinder mal richtig ausschlafen. Schreibe dir drei Gruppenklimapunkte gut. Morgen willst du versuchen, wieder in den Schoß der Zivilisation zurückzukehren.

* Du erwachst bei (197).

191

Schnaubend, keuchend und um einen Konditionspunkt ärmer kommst du im 11. Stock an. Weiter geht es nicht. Du ruhst einen Augenblick aus und versuchst dann das Stockwerk zu erkunden.

* Hast du Taschenlampe oder Feuerzeug bei dir, so lies (195).
* Nein? So taste dich mühsam in der absoluten Dunkelheit weiter zu (172).

192

Schmeckt lecker! Du darfst dir zwei Konditionspunkte gutschreiben.

* Schreite nun durch die Türe nach (186) auf den Gang.

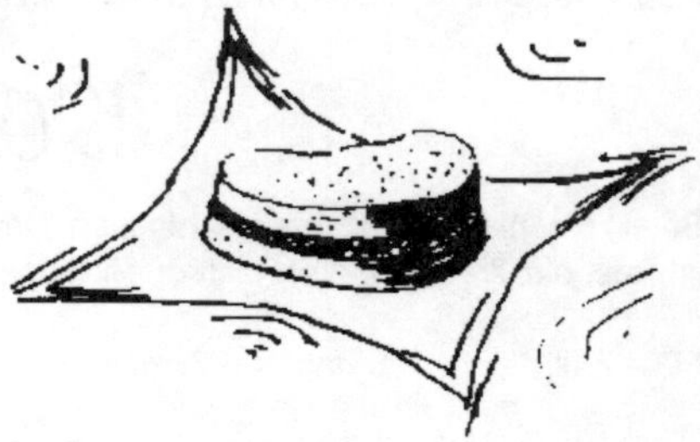

193

Du wirfst dich mit aller Kraft zurück. Der Balkon bricht unter dir weg und stürzt in die finstere Tiefe. Deine linke Hand bekommt im letzten Augenblick einen vorstehenden Stahlträger zu fassen.

* Wenn du mindestens 20 Konditionspunkte hast, gelingt es dir, dich mit letzter Kraft hochzuziehen. Du taumelst völlig erschöpft und mit zwei Konditionspunkten weniger bei (174) zurück auf den Gang.

* Hast du zu wenig Konditionspunkte, dann ist jede Hoffnung verloren. Langsam aber sicher verlieren deine Finger den Halt. Du schickst noch ein letztes Stoßgebet gen Himmel und machst den Abflug. **DEIN ABENTEUER IST BEENDET!**

194

Unten angekommen, liegt ein langer, gerader, unbeleuchteter Flur vor dir. Irgendwo vom Ende des Flurs hörst du schwache Hilferufe. Dort siehst du auch einen hellen Schimmer.

* Du gehst schleunigst in diese Richtung zu (171).

195

Nach wenigen Metern stehst du vor einem großen Schacht, der die ganze Breite des Ganges einnimmt. Das andere Ende ist über 2m entfernt. Ein nicht sehr vertrauenerweckendes Brett liegt darüber. Zu deiner Rechten ist eine nur angelehnte Tür. Links eine verschlossene Türe.

* Du versuchst über das Brett zu balancieren und verläßt dich bei (177) auf dein Glück.
* Du nimmst Anlauf und versucht über das Brett zu springen. Du landest bei (164).
* Du gehst durch die angelehnte Tür zur Rechten nach (185).
* Du versuchst die linke Tür zu öffnen und kommst nach (189).

196

So ein Pech! Das Ding ist verschlossen. Na, dann eben nicht, denkst du dir und stürmst die Treppe weiter nach oben.

* Die Zeit drängt, um nach (187) zu kommen!

Zurück in die Zukunft

Kapitel 5

197

Eine fast unendlich erscheinende Nacht liegt hinter dir. Du hast dich zwar mit deinem Co-Betreuer im Nachtdienst abgewechselt, aber dennoch bist du kaum zum Schlafen gekommen. Inzwischen bricht ein neuer Tag an und du hast mit deinem Co. heute noch vieles von gestern gutzumachen. Du hast einiges gelernt und beginnst den Tag deshalb mit drei zusätzlichen Erfahrungspunkten.

* Hast du Sven als Co-Betreuer, so lies (206).
* Bist du mit Katja unterwegs, weiter bei (217).
* Arbeitest du mit Gabi zusammen? Geh zu (225).
* Steht dir Kalle zur Seite? Dann blättere zu (233).

198

Ihr seid ein gutes Stück einfach der Nase nach gelaufen. Jetzt solltest du dir bald über die weitere Richtung klarwerden:

* Gehst du auf dem Weg parallel zur Landstraße zu (207) weiter?
* Hälst du dich lieber bei (227) am Bach entlang?

199

Im Wald ist es allerdings bei einem Gewitter nicht ganz ungefährlich. Herabstürzende Äste können deine Kinder und dich böse verletzen.

* Zum Glück aber zieht das Gewitter noch einmal vorbei. Blättere zu (219).

200

Feuer machen im Wald? Und zusätzlich noch nicht einmal die Löschaktion ordentlich kontrollieren? Mit dem Feuer, das nun hinter dir entflammt, schließen sich allmählich die Gitter deiner Gefängniszelle. Dies hat den sofortigen Abzug eines Erfahrungspunktes zur Folge.

Du mußt nun schnell reagieren:

* Gehst du den noch nicht allzu großen Brand bei (209) löschen?
* Versuchst du schnellstens deine Kinder bei (220) in Sicherheit zu bringen?

201

Ihr lauft ca. 20 Minuten an der Landstraße entlang. Hinter einer scharfen Kurve liegt ein Auto im Graben.

* Gehst du mit deiner Gruppe weiter, daß nicht noch mehr passiert? Wähle (232).
* Sicherst du die Unfallstelle und checkst ab, wo Hilfe nötig ist? Geh zu (249).
* Steuerst du die in 500m Entfernung stehende Notrufsäule an? Suche (236).

202

In der Apotheke erhälst du wichtige Arzneimittel und besonders gutgemeinte Ratschläge, bevor du sie wieder verläßt.

* Dann stehst du bei (229) wieder auf dem Marktplatz von Kleinkleckerlesdorf.

203

Du trittst in die Stätte der Ruhe und des inneren Friedens. Jetzt hast du nur noch einen Wunsch: Du willst endlich zum Zeltplatz zurück.

* Bei (211) tritt dir jedoch jemand gegenüber...

204

Du läufst mit den Kids zum Dorf zurück; das kostet Zeit und je einen Gruppen- und Konditionspunkt Abzug.

* Auf dem Marktplatz von Kleinkleckerlesdorf (229) mußt du dich erneut entscheiden.

205

Es ist beinahe vollbracht, da rutscht Günür noch aus und gleitet 5m nach unten. Mußte das noch sein? Der Serpentinenweg wäre zwar etwas länger, aber sicherer gewesen.

* Mit einem Erfahrungspunkt weniger und einem humpelnden Kind gelangst du schließlich auf den Zeltplatz.

206

Schon seit Beginn des Geländespiels ist Sven dabei, an dir herumzunörgeln ...! Er ist wohl der Meinung, daß er aufgrund seines Titels was besseres sei?!?

Als er dir nun an diesem düsteren Morgen auch noch vor den Kindern an den Kopf wirft, du hättest eine Profil-Neurose, da haut es dir doch den Boden unter den Füßen weg:

* Du holst ihn sofort auf den Boden der Realität zurück? Blättere zu (247).
* Du ziehst Sven in den angrenzenden Raum, um ihn dort zur Ordnung zu rufen. Geh zu (215).
* Du handelst nach dem Motto: "Was du heute kannst besorgen, verschiebe trotzdem noch auf morgen". Lies (239).

207

Eine größere Gruppe deutlich angetrunkener Männer kommt euch entgegen. An den Abzeichen auf ihrer Kleidung und den deutschnationalen Liedern, die sie grölen, merkt ihr, daß es sich um eine Gruppe der "Republikaner" handelt, die von ihrem "Deutschlandtreffen" zurückkehrt.

"Fuck die Nazi's" ruft Fabian und sieht sich sofort mit einem ziemlich betrunkenen älteren Mann in Trachtenkleidung konfrontiert. Der zieht Fabian zu sich heran und schlägt zu. Er will wohl eine größere Rechnung begleichen?

* Du siehst schnell zu, daß du wenigstens die anderen Kids in Sicherheit bringst. Blättere zu (218).
* Da hast du doch auch noch ein Wörtchen mitzureden! Weiter bei (226).

208

Ihr seid schnell dem Wegweiser zum Schrottplatz gefolgt, um dem am Himmel stehenden Gewitter zu entkommen. Ihr habt es geschafft. Die Schrottkarossen sind euch ein guter Schutz vor Blitzschlag.

* Nun hat der Regen nachgelassen, es geht wieder weiter zu (248).

209

Der Brand ist gelöscht; jetzt endgültig! Aber eines deiner Kinder ist dem Feuer zu nahe gekommen und hat sich dabei böse Verbrennungen am Arm zugezogen. Wie handelst du nun?

* Du läßt die Textilreste auf der Haut und gibst deinem Kind eine Salzlösung zu trinken. Geh zu (228).
* Du versuchst, die Textilfetzen vorsichtig abzulösen und verabreichst vorsichtshalber auch noch ein kaltes Getränk. Weiter bei (242).

210

Gut gestärkt stehst du nun mit deinen Kinder wieder auf dem Marktplatz.

* Bei (229) hast du erneut die Wahl.

211

Plötzlich steht ein Diener des Herrn in schwarzer Robe vor dir. Du kannst deine ganze Last bei ihm abladen; dafür gibt er dir viel Mut, neue Hoffnung und ein Gebet mit auf den Weg.

Bevor du gehst, bittet er dich noch um eine kleine Spende für die Renovierung des Westturms. Wenn du hast, gibst du ihm 2.00 DM und streichst sie von deiner Abenteuertafel.

* Dann findest du dich wieder bei (229) mit deinen Kindern.

212

Du läßt dich mit der Taxizentrale verbinden und bestellst drei Fahrzeuge.

* Ihr müßt nicht lange warten und trefft nach kurzer Zeit bei (245) auf dem Zeltplatz ein. (Dein Geld ist bei dieser Aktion natürlich völlig draufgegangen!)

213

Du drückst auf den untersten Klingelknopf am Hauseingang zur Marktstraße 1. "Wurzel" steht auf dem Türschild. Der Name kommt dir bekannt vor, aber woher? Nicht lange, da geht die Tür auf und ein ziemlich ungemütlich aussehender Typ,

Mitte 20, steht vor dir.

* Gehst du lieber wieder, mit der Anmerkung: "Da habe ich doch wohl auf die falsche Klingel gedrückt!" zu (229) zurück auf den Marktplatz?
* Schilderst du diesem Herrn Wurzel dennoch deine Situation? Suche (250).

214

Um mit der Gruppe mitgenommen zu werden, brauchst du viel Glück: Genau soviel, um den Faktor 7 zu bezwingen.

* Schaffst du es, schickt Fortuna einen Lieferwagen, auf dessen Pritsche ihr direkt zum Zeltplatz bei (245) gefahren werdet.
* Wenn der Glückstest nicht klappt, klettert ihr bei (224) auf den Anhänger eines Traktors.

215

Du bittest Bianca, die Vernünftigste der Gruppe, eben mal kurz die Aufsicht zu übernehmen, da du mit deinem Co. im Nebenraum etwas Wichtiges zu besprechen hast. Drüben angekommen, fliegen nur so die Fetzen. Schließlich hat dir dein Co. auch einiges zu sagen, was ihm an dir nicht paßt.

* Als ihr euch wieder zusammengerauft habt, macht ihr euch auf den Weg zu (234). Wollt ihr doch baldmöglichst nach Hause...

216

Ihr steht auf dem Berg mit dem Aussichtsplateau; unter euch liegt der Zeltplatz.

* Gehst du mit den Kindern über den steilen Serpentinenweg von 2 km Länge zum Zeltplatz zu (245)?
* Versuchst du den direkten Weg ca. 800m gerade nach unten zu nehmen? Lies bei (205) weiter.

217

Katja ist schon abmarschbereit, als du erst richtig zu dir kommst. Mit nachdenklichem Gesicht steht sie vor dir. Plötzlich erhellt ihr Strahlen den ganzen Raum: "Kinder, wenn wir erst zurück sind, gibt es eine geile Fete. Ich zahle pro Kind eine Runde. Das wird ein irres Saufgelage!"

Du schluckst zweimal, dann hast du dich entschieden:

* Du holst sie sofort auf den Boden der Realität zurück. Blättere zu (247).
* Du ziehst Katja in den angrenzenden Raum, um sie dort zur Ordnung zu rufen. Geh zu (215).
* Du handelst nach dem Motto: "Was du heute kannst besorgen, verschiebe trotzdem noch auf morgen." Lies (239).

218

Du wärest verpflichtet gewesen, sofort einzugreifen!

Fabian wird schwer verletzt und du bekommst einen Prozeß wegen unterlassener Hilfeleistung nach Paragraph 323c StGB (Strafgesetzbuch) an den Hals. **DEIN ABENTEUER IST BEENDET!**

219

Der Weg durch den Wald ist mühsam, und kühl ist es obendrein. Dich überkommt ein Angstschauer: Wie geht alles weiter? Werdet ihr schon gesucht? Ein Hubschrauber überfliegt das Waldstück...

* Eine Signalpistole wäre jetzt von Nutzen! Hast du sie in deinem Gepäck, so ziehe zu (241).
* Andernfalls mußt du den Weg zu (235) wählen.

220

Wenn du dich nicht verantwortlich fühlst, muß das eben dein Co-Betreuer tun ... -sonst entsteht nämlich ein riesen Flächenbrand.

* Schaue du nun wenigstens bei (209) nach deinen Kindern.

221

Der Arzt löst mit Schnelligkeit und Sicherheit all deine medizinischen Probleme.

* Dann schickt er dich noch zur gegenüberliegenden Apotheke bei (202).

222

Du wartest geschlagene 50 Minuten am ausgemachten Treffpunkt auf die versprochene Funkstreife. Deine Kondition fällt um einen Punkt.

* Dann entschließt du dich, zu (229) auf den Marktplatz zurückzugehen.

223

In der Telefonzelle zählst du dein Geld und wählst ...

* bei weniger als 10.00 DM die Nr. (246).
* Hast du noch 10.00 DM oder darüber, so wähle (212).

224

Ein Bauer, der mit seinem Traktor auf dem Feld zu tun hat, das noch ca. 500m Luftlinie vom Zeltplatz liegt, nimmt euch mit. Allerdings ist dir als Betreuer mit deinen Kindern sowohl das Trampen, als auch die Mitfahrt auf einem Traktorenanhänger verboten.

* Die Verzweiflung treibt euch zu (216) auf den hoffentlich bald endenden Weg.

225

Gabi sieht ziemlich erledigt aus. Sie scheint nicht nur körperlich am Ende. Als du beiläufig erwähnst, daß euch heute wohl noch einiges bevorsteht, bricht sie in Tränen aus. Durch ihr Gezeter, welches immer hysterischer wird, erwachen auch die letzten Kinder. Jetzt ist dein Geduldsfaden langsam am Reißen:

* Du holst Gabi sofort auf den Boden der Realität zurück. Blättere zu (247).
* Du ziehst sie in den angrenzenden Raum, um sie dort zur Ordnung zu rufen. Geh zu (215).
* Du handelst nach dem Motto: "Was du heute kannst besorgen, verschiebe trotzdem noch auf morgen." Lies (239).

226

Du springst dazwischen und schiebst Fabian zur Seite. Gerade drehst du dich wieder um, als der Typ dir auch schon eine verpaßt. Mit viel Mühe kannst du weitere Gewalttaten verhindern und deine Kinder in Sicherheit bringen. Du bist um drei Erfahrungspunkte reicher, da du der Nothilfepflicht nach Paragraph 330c StGB (Strafgesetzbuch) nachgekommen bist.

* Ihr geht weiter zu (229), denn das nächste Dorf ist bereits in Sicht.

227

Der Marsch war nicht gerade erbauend. Die Kinder sind mit dir lustlos und müde am Bachufer entlang gestapft. Nun ist auch noch ein Gewitter im Anzug; es wird nicht mehr viel Zeit bleiben.

* Gehst du in den Wald, der vor dir liegt, um unter den Bäumen wenigstens einigermaßen trocken zu bleiben? Lies bei (199) weiter.
* Gehst du wieder etwas auf's weite Feld zurück zu (252).
* Folgst du dem Wegweiser zum Schrottplatz bei (208)?

228

Das ist das beste und einzige, was du momentan tun kannst. Das Kind muß nun baldmöglichst in ärztliche Behandlung. Dieses Wissen beschert dir zwei Erfahrungspunkte.

* Du suchst den Weg aus dem Wald und gehst der Landstraße entlang, (229) dem nächsten Dorf entgegen.

229

Auf dem Marktplatz von Kleinkleckerlesdorf hast du viele Möglichkeiten:

* Ist ärztliche Hilfe am nötigsten? Die Landarztpraxis findest du bei (221).
* Gehst du zur Polizeistation? Lies (230).
* Gehst du zur Bushaltestelle, um bald weiterzukommen? Du findest sie bei (231).
* Zieht es dich zur Kirche? Geh zu (203).
* Willst du unbedingt zur Telefonzelle? (Das kannst du nur, wenn du noch Geld in der Tasche hast.) Telefoniere bei (223).
* Gehst du in das erste Haus am Platz, die Marktstraße Nr. 1? Blättere zu (213).
* Oder hat es dir das Gasthaus angetan? Betrete es bei (253).

230

Die Polizei, dein Freund und Helfer! Als du ins Büro eintrittst, läutet eben das Telefon. Noch bevor du eilig deine Situation schildern kannst, müssen die Beamten aufbrechen, um zu einem Raubüberfall im benachbarten Dorf zu fahren.

* Sie schicken dich weiter, um dort auf die Streife zu warten, die sie dir anfunken wollen. Warte bei (222).

231

Während ihr auf den Bus wartet, wird dir klar, daß du nicht mehr genug Geld für alle hast.

* Fährst du trotzdem, und zwar "schwarz"? Lies (238).
* Versuchst du mit deinen Gören zu trampen? Geh zu (214).
* Wenn du noch mindestens vier Gegenstände in deinem Rucksack hast, kannst du auch auf (251) sehen, wie du weiterkommst.

232

Na, deine Kinder hast du zwar alle in Sicherheit gebracht. Aber der Verletzte im Autowrack hätte mit deiner Hilfe vielleicht überleben können...

Das Urteil lautet: Ein Jahr Freiheitsstrafe wegen unterlassener Hilfeleistung nach Paragraph 330c StGB (Strafgesetzbuch). **DEIN ABENTEUER IST BEENDET!**

233

Das Erste, was du von Kalle vernimmst, ist ein fürchterliches Stöhnen: "Kein Wasser, keine Seife, keine Klamotten und den Pulli kann ich auch wegwerfen...!" Das darf doch nicht wahr sein... der hat vielleicht Probleme. Wie reagierst du?

* Du holst Kalle sofort auf den Boden der Realität zurück. Blättere zu (247).
* Du ziehst ihn in den angrenzenden Raum, um ihn dort zur Ordnung zu rufen. Geh zu (215).
* Du handelst nach dem Motto: "Was du heute kannst besorgen, verschiebe trotzdem noch auf morgen." Lies (239).

234

Bei Tage sieht alles gleich ganz anders aus. Wie seid ihr eigentlich gestern hierher gekommen? Und wie geht's zurück?

* Über den Feldweg zu (240)?
* Durch den Wald über (219)?
* Oder gar querfeldein? Lies (227).

235

Bis euer Feuer auch nur annähernd qualmt, ist der Hubschrauber natürlich weg.

* Nachdem die Kinder schnell wieder alles ausgetreten haben, macht ihr euch frustriert auf den Weg zu (200).

236

Du hast die Unfallstelle nicht abgesichert ... überhaupt ... was ist denn los? ... alles dreht sich um dich ... dir ist schwindelig ... schlecht ....

Hast du letzte Nacht im Neubau die abgestandene Cola geschlürft?

* Wenn nicht, dann mußt du nur kurz ausruhen, bis es dir wieder besser geht. Du bist wohl überlastet. Dann aber auf zum Dorf nach (229), denn du brauchst Arzt und Polizei.
* Wenn du dich an der Cola vergriffen hast, dann mache den Glückstest mit Faktor 3: Bestehst du ihn, machst du dich nach (229) auf den Weg ins Dorf. Geht der Test daneben, dann schau bei (243) nach, wie es weitergeht.

237

Bei einer kräftigen hausgemachten Suppe könnt ihr euch ausruhen und wieder zu Kräften kommen; d.h. zwei Konditionspunkte plus!

* Gehst du nun wieder weiter mit den Kindern zu (210)?
* Brauchst du noch etwas Erholung und ißt einen weiteren Teller von der guten Suppe bei (244)?

238

Schon nach kurzer Strecke wirst du vom Fahrkarten-Kontrolleur erwischt. Er ist gnädig und erläßt dir die Strafe.

* Aber da du nicht nachlösen kannst, heißt es "aussteigen" zu (204).

239

In Anbetracht der momentanen Situation hätte eine Diskussion sowieso keinen Sinn ... ihr seid schließlich beide fix und fertig!

* Es scheint wichtiger, sich auf den Weg zu machen. Das andere hat noch Zeit!?! Es geht bei (198) weiter.

240

Gerade 100m seid ihr gegangen, als ihr seht, wie erneut ein schweres Gewitter aufzieht.

* Folgst du dem Wegweiser zum Schrottplatz zu (208)?
* Gehst du lieber in den vor dir liegenden Wald? Suche (199).

241

Verflixt und ... - Die Signalpistole ist wohl in deiner Sturm- und Drangperiode am vorigen Abend im Neubau etwas naß geworden. Sie funktioniert nicht mehr. Der Hubschrauber dreht ab und ihr seid wieder auf euch gestellt ...

* Gehst du Richtung Westen der Nummer (201) zu?
* Entscheidest du dich für Osten und liest bei (207) weiter?

242

Mit deiner 1.-Hilfe-Aktion bist du im Fettnäpfchen versumpft. Mit den Kleiderresten hast du nämlich auch einige Hautfetzen mit abgezogen und dadurch alles noch verschlimmert.

Aber vielleicht bleibt noch etwas zu retten: Hast du deinen 1.-Hilfe-Koffer dabei?

* Gut, dann nimm das Brandwundenpäckchen mit dem roten Faden und lege es

locker über die Verletzung (nicht festdrücken!). Gehe schnell ins nächste Dorf zu (229), um einen Arzt aufzusuchen.
* Ohne 1.-Hilfe-Ausrüstung bleibt dir nur, einen deiner Erfahrungspunkte zu streichen. Nimm nun aber schnell den Weg aus dem Wald und gehe an der Landstraße entlang zum nächsten Dorf. Du findest es bei (229).

243

Du hast dir leider eine hochgradige Vergiftung geholt. Dir schwinden die Sinne, eine Harfe beginnt im Hintergrund zu spielen und ein Engelschor trällert. Du hast das Zeitliche gesegnet. **DEIN ABENTEUER BEENDET !**

244

Nun bist du also doch noch etwas sitzen geblieben. Mit dem Wirt läßt sich's gut plaudern. Ergriffen von eurem Schicksal, sagt er dir die Adresse seines Freundes, der dir vielleicht weiterhelfen könnte.

* Mit der Adresse (Wurzel, Marktstraße 1) und deinen Kindern gehst du wieder auf den Marktplatz hinaus zu (229).

245

Mit lautem "HALLOOO" werdet ihr auf dem Zeltplatz empfangen. Zum Glück sind jetzt nicht allzu viele Vorwürfe zu hören; das kommt sicher erst später. Momentan sind alle überglücklich, daß die verlorenen Söhne und Töchter wieder einigermaßen gesund zurück sind. Hole dir drei Erfahrungspunkte.

Natürlich ist euer Gruppenklima jetzt auch wieder schlagartig gestiegen (um 10 Punkte). Wie schnell doch die unangenehmen Erlebnisse vergessen sind!

* Du sollst dich nun schonen und bekommst einen Tag Zeltlagerurlaub, und somit sechs Konditionspunkte, bevor du bei (254) die letzte Hürde in Angriff nimmst.

246

Es tutet im Hörer ... dann ist dein Freizeitleiter am Apparat. Von eurem Auftauchen sichtlich erfreut, sagt er dir zu, euch sofort mit dem Freizeitbus abzuholen. Ziehe dir für das Gespräch 2.00 DM ab, wenn du noch hast.

* So trefft ihr kurz darauf bei (245) ein.

247

Du hast zwar im Kopf "...nie vor den Kindern...!", aber die Luft muß raus. Du weist deinen Co-Betreuer sofort vor den Kindern zurecht. Danach bleibt euch keine Zeit mehr zur Auseinandersetzung ...

* Ihr müßt weiter zu (234), nachdem du dir einen Gruppenklimapunkt gestrichen hast (du kannst dir sicher denken, weshalb).

248

Es muß etwas geschehen... -Action! Aus gut stapelbaren Kanistern baut ihr euch zwei Ritterburgen. Die Kinder werden wieder etwas lebendiger, was dir zwei Gruppenklimapunkte beschert.

* Der stechende Geruch der Kanister treibt euch jedoch weiter zu (219).

249

Du hast alles abgesichert und dir einen groben Überblick verschafft ... - ein Verletzter! An der Notrufsäule in 500m Entfernung meldest du den Unfall. Auf den letzten Metern vor dem Dorf macht dir plötzlich deine herzkranke Andrea große Sorgen. Das war doch eine gewaltige Anstrengung!

* Dann kommst du auf dem Marktplatz von Kleinkleckerlesdorf an. Lies (229).

250

Als du deine Story heruntergebetet hast, stehst du ziemlich hilflos und fragend vor deinem Gegenüber.

Fast wie im Traum vernimmst du die Worte: "Na, dann kommt mal alle rein. Ich werde meinen Bruder gleich anrufen." Du verstehst zwar im Augenblick nur Bahnhof, aber alleine weißt du sowieso inzwischen nicht mehr weiter.

* Er geht mit dir zum Telefon, wählt und verbindet dich. Mit wem wohl? Du erfährst es bei (246).

251

Du kannst die Gegenstände schnell verkaufen. Sie erbringen dir genau den Restbetrag, der dir für die Fahrkarten noch fehlt. Deine finanziellen Mittel kannst du jetzt allerdings völlig streichen.

* Nach einer halben Stunde kommt ihr mit dem Bus am Zeltplatz an. Bei (245) werdet ihr empfangen.

252

Ein Gewitter ist auf freiem Feld weit gefährlicher als im Wald. Auf freiem Feld stellt ihr nämlich die höchste Erhebung dar - und das zieht die Blitze geradezu magisch an. Aber inzwischen ist das Unheil vorübergezogen.

* Bald liegt der Wald bei (219) wieder vor dir.

253

Der 'Goldene Löwe' ist ein richtig uriger Landgasthof, in dem der Kunde tatsächlich noch König ist. Der Wirt und die Wirtin sind sehr interessiert. Als du von deinen Abenteuern der letzten Stunden berichtest, werdet ihr sofort herzlich eingeladen. Das steigert das Gruppenklima um ganze zwei Punkte.

* Macht es euch bei (237) gemütlich.

Noch 48 Stunden

Kapitel 6

254

Na, bald hast du's hinter dir. Nur noch zwei Tage und die beiden abenteuerlichsten Wochen deines Lebens sind vorüber.

Heute willst du, damit sich die Kinder noch einmal richtig austoben können, auf den Spielplatz gehen. Dort kommt Kerstin zu dir, kuschelt sich an dich und schaut dich mit bettelnden Augen an: "Du, darf ich auf den Apfelbaum klettern? Ich kann das ganz gut und es passiert auch bestimmt nichts." Du weißt, daß du dich auf Kerstin verlassen kannst.

* Läßt du sie auf den Apfelbaum klettern? Dann lies (263).
* Verbietest du es ihr besser, geh zu (283).

255

Als du am letzten Morgen erwachst, gehst du mit gemischten Gefühlen zum Frühstück. Einerseits hast du es in 24 Stunden geschafft, andererseits sind dann auch die schönsten und aufregendsten Tage deines Lebens vorüber.

So grübelnd kommst du an den Tisch und traust deinen Augen kaum: haben deine Lieben dir doch extra ein riesiges Superfrühstück mit Eiern und allen Schikanen aufgebaut. Du bist gerührt! Kondition und Gruppenklima steigen für diesen letzten Tag noch um je zwei Punkte.

* Ihr könnt sie für die letzten Anstrengungen sicher gut gebrauchen. Weiter geht's bei (275).

256

Richtig! Ein wenig Alkohol bei genauer Ausschankkontrolle ist verantwortbar. Du erhälst drei Gruppenklimapunkte und einen Erfahrungspunkt.

* Die Stimmung ist prächtig. Blättere zu (271).

257

Ihr seid die geborenen Sexualpädagogen. Dafür kannst du dir drei Erfahrungspunkte gutschreiben.

* Bei (300) schlüpfst du erlöst in deinen Schlafsack und genießt die letzten Stunden der letzten Nacht.

258

Auch ohne Alkohol haben Kinder unter 16 Jahren nach Paragraph 4 Abs. 1 JSchÖG (Gesetz zum Schutze der Jugend in der Öffentlichkeit) nichts in einer öffentlichen Tanzveranstaltung verloren. Das solltest du eigentlich wissen.

* Was du nun angerichtet hast, erfährst du bei (294).

259

Natürlich, nach einigen Minuten schleicht ein Schatten in Richtung Mädchenzelte.

* Du folgst ihm nach (284).

260

Der Freizeitleiter hat Mitschuld. Er hätte die Gebrauchsanweisung von der vertrackten Schaukel lesen müssen. Dann hätte er dir auch mitteilen können, daß man mit diesem Ding keine Überschläge machen kann. Aber das weißt du nicht. Also hörst du dir die Standpauke widerspruchslos an und gehst dann um einen Konditionspunkt ärmer zu deiner Gruppe zurück.

* Dein Kind kannst du zu (278) mitnehmen. Es ist mittlerweile gut verarztet worden und kann nun schon wieder gehen.

261

Nein, nur ein wenig ist zugelassen. Nicht nur, daß du nachher vielleicht ein paar Betrunkene ins Bett bringen mußt (du wirst staunen, wie wenig manche Kinder vertragen), unter Umständen bist du auch noch wegen fahrlässiger Körperverletzung dran. Also: nur ein winziges Tröpfchen.

* Lies weiter bei (271).

262

Eigentlich hättet ihr ja sofort eingreifen müssen. Wenn währenddessen in dem Zelt irgendetwas abgeht, seid ihr dran. In der nächsten halben Stunde taucht kein neuer Kunde auf. Schließlich wird es euch zu dumm und ihr schreitet ein.

* Bei (281) geht's endlich zur Sache.

263

Glücklich klettert Kerstin auf den Apfelbaum. Du beobachtest sie genau. Gerade will sie wieder herunterkommen, als sie ausrutscht und der Länge nach auf dem Boden landet. Du trägst sie sofort ins Büro zum Sanitäter. Der macht dir zwar Vorwürfe, aber du weißt, daß der Unfall auch genauso auf den Klettergeräten möglich gewesen wäre.

* Deine Aufsichtspflicht hast du erfüllt. Schreibe dir einen Erfahrungspunkt gut, bevor du bei (270) weiterliest.

264

Nun mußt du dir selber noch etwas einfallen lassen. Du improvisierst einen Grillabend am Lagerfeuer mit Liedern und Spielen. So was aber so kurzfristig noch auf die Rolle zu kriegen, geht ganz schön an die Substanz. Ziehe dir zwei Konditionspunkte ab. Als Belohnung sind deine Kinder aber bald wieder gut drauf und du darfst zwei Gruppenklimapunkte einkassieren. Und einen Erfahrungspunkt bekommst du natürlich auch noch.

* So startest du bei (255) in den neuen Tag.

265

Es ist Sven, der Pechvogel, der Nachtwache schieben muß. "Hast du es auch gesehen?" flüstert er dir zu, "Das ist schon der Dritte von den Bengels."

* Ihr überlegt euch bei (298), was zu tun ist.

266

Die Versprechen helfen nichts. Nach Paragraph 4 Abs. 1 JSchÖG (Gesetz zum Schutze der Jugend in der Öffentlichkeit) haben Kinder unter 16 Jahren generell nichts in öffentlichen Tanzveranstaltungen zu suchen.

* Laß das drohende Unheil bei (294) auf dich zukommen.

267

Du trinkst mit Kalle und Gabi noch ein wohlverdientes Fläschchen Wein und willst gerade in deinen Schlafsack kriechen, als zwischen zwei Zelten ein Schatten huscht.

* Schaust du nach, wer das wohl ist? Geh zu (284).
* Überläßt du das der Nachtwache und verkrümelst dich ins Zelt? Blättere zu (295).

268

Jetzt stellt sich heraus, ob du in den Vorbereitungstreffen gut aufgepaßt hast.

* Wenn du mindestens 20 Erfahrungspunkte hast, geh zu (273).
* Hast du unter 20 Erfahrungspunkte, mußt du bei (260) weiterlesen.

269

Das hättet ihr nicht tun sollen. Nach Paragraph 180 Abs. 1 StGB (Strafgesetzbuch) ist das "Gewähren von Gelegenheit zu sexuellen Handlungen von Minderjährigen". Das gibt bis zu drei Jahre Bau. Außerdem mußt du, wenn du Pech hast, auch noch Alimente zahlen. **DEIN ABENTEUER IST BEENDET!**

270

Der Rest des Tages vergeht wie im Fluge. Beim Abendessen fragst du deine Kinder nach Vorschlägen für's Abendprogramm.

* Ihre Wünsche wirst du bei (296) erfahren...

271

Die Stimmung steigt, Kinder und Betreuer sind in Bombenform. Die Musik ist gut und selbst deine Disco-Fans sind hochzufrieden. Aber einmal ist auch die schönste Party vorbei und gegen 2.00h bringt ihr die letzten Kids ins Bett.

Ihr Betreuer seid todmüde, aber einer von euch muß noch Nachtwache schieben, auch wenn die Kinder wahrscheinlich zu müde sind, um noch auszuschwärmen. Mach den Glückstest mit Faktor 7:

* Wenn er mißlingt, dann bist du der Nachschwärmer bei (288).
* Wenn du Glück hast, kannst du dich bei (267) auf's Ohr hauen.

272

Hast du Gabi oder Katja als Co-Betreuer?

* Dann lies bei (290) nach, wie es weitergeht.
* Hast du die Gruppe mit Kalle oder Sven, so blättere zu (264) weiter.

273

Du weißt, daß der Freizeitleiter die Gebrauchsanweisung der neuen Schaukel nicht gelesen hat. So konnte er euch Betreuer auch nicht davor warnen, daß mit dieser Schaukel keine Überschläge möglich sind. Damit hat er seine Informationspflicht verletzt. Doch wen kümmert ein privates Techtelmechtel, wenn niemand davon weiß...? Ihr besiegelt euer Stillschweigeabkommen mit einem kräftigen Handschlag und einer "Friedenszigarette".

* Dann widmest du dich bei (278) wieder deinen Betreueraufgaben.

274

Aber, aber! Keine Situation, nicht einmal eine mögliche Eifersucht auf die jungen Romeos rechtfertigt die Prügelstrafe! Nach Paragraph 223 StGB (Strafgesetzbuch) kannst du dafür bis zu drei Jahre in den Bau wandern. Diesmal hast du noch Glück. Aus verständlichen Gründen haben die Jungs kein Interesse daran, die Sache herumzutratschen.

* Aber beinahe hätte dein Abenteuer so kurz vor dem Ziel doch noch beendet sein können. Die (300) erwartet dich.

275

Da ihr am Abend noch ein großes Abschiedsfest mit allen Kindern des Zeltlagers machen wollt, verbringt ihr den Tag mit Vorbereitungen und ein paar lockeren Spielen auf dem Platz.

Gerade willst du mit einem Teil deiner Gruppe die große Halle für die Fete schmücken, als du den Freizeitleiter triffst. Er erzählt dir, daß soeben die neue

Schaukel von den Handwerkern aufgestellt wird. Sie sollte ja eigentlich schon längst fertig sein. Deine Kinder sind natürlich sofort ganz scharf darauf, sie als erste ausprobieren zu können.

* Das tun sie dann auch. Suche (286) auf.

276

Der fährt herum: "Psssssssst, du Idiot. Ich bin doch Sven. Der Bengel da vorn ist auf Wanderschaft. Ich habe ihn verfolgt."

* Bei (298) überlegt ihr beide euch, was nun zu tun ist.

277

Vorletzter Abend oder nicht. Jedenfalls haben Kinder unter 16 Jahren nach Paragraph 4 Abs. 1 JSchÖG (Gesetz zum Schutze der Jugend in der Öffentlichkeit) nichts in einer öffentlichen Tanzveranstaltung verloren. Das solltest du eigentlich wissen!

* Lies nun bei (294) weiter.

278

Nach der Aufregung stürzst du dich volle Kanne in die Vorbereitung der Abschlußparty. Du hast dich bereit erklärt, die Bowle zu mixen. Wenn du die Ausgabe am Abend selbst kontrollierst und so kein Kind mehr als zwei Gläser davon bekommt, darfst du dann Alkohol zufügen?

* Klar doch! Lies (261).
* Ein wenig. Geh zu (256).
* Nein, keinen Tropfen! Blättere zu (292).

279

Gerade bist du selig eingenickt und beginnst deine Zeltnachbarn mit deinem allnächtlichen Geschnarche zu unterhalten, fällt das gesamte Zelt über dir zusammen. Fluchend rappelst du dich hoch und stellst fest, daß irgend so ein Rindvieh bei Nacht über die Zeltschnüre gestolpert sein muß.

* Voller Wut im Bauch machst du dich auf, bei (259) den Schuldigen zu suchen.

280

Es wäre besser gewesen, du hättest eingegriffen. Überschlagen ist zu gefährlich, als daß du es zulassen kannst. Außerdem war die neue Schaukel nicht für Überschläge konstruiert. Die Kette reißt und ... Gabor macht einen äußerst unsicher wirkenden Doppelachsel von der Schaukel. Dabei hat er sich das linke Bein verletzt!

* Du mußt dem Freizeitleiter bei (268) Bericht erstatten.

281

Mit einem lauten "ACHTUNG, ACHTUNG, HIER SPRICHT DIE LAGER-POLIZEI!!!" stürmt ihr den Ort der nächtlichen Umtriebe und stellt im Schein eurer Taschenlampen entsetzt fest, daß sich drei der ältesten Jungs bei drei verschiedenen Damen in deren Schlafsäcken häuslich niedergelassen haben.

* Ihr verdaut erst einmal den Anblick und trefft bei (285) eine Entscheidung.

282

Kalle kennt natürlich alle Tricks und Kniffe, was modisches Aussehen betrifft. Er macht aus eurer Gruppe die schönsten "Disco-Popper", die es je gab. Gibt doch gleich noch einen Gruppenklimapunkt für dich!

* Dann wollt ihr zu (297) losziehen.

283

Du gehst zwar auf Nummer sicher, was dir auch einen Erfahrungspunkt bringt, aber bei dem Alter deiner Kinder und bei kontrollierter Aufsicht hättest du Kerstin auch genauso gut klettern lassen können. Deiner Aufsichtspflicht hättest du dennoch genüge getan.

* Nun ist Kerstin auf jeden Fall sauer. Ziehe dir einen Gruppenklimapunkt ab und sieh bei (270) weiter.

284

Du folgst dem Schatten in sicherem Abstand. Schließlich siehst du ihn im Mondschein im Zelt der großen Mädchen verschwinden.

* Gerade willst du näher herangehen, als dir von hinten eine Hand auf die Schulter faßt. Weiter bei (265).

285

Jetzt kommt ihr ordentlich zur Sache:

* Ihr zieht die Jungs aus den Schlafsäcken und haut sie windelweich bei (274).
* Ihr gratuliert den Damen zu ihrer Attraktivität, versucht das Ganze so locker wie möglich zu handhaben und zieht euch bei (269) verständnisvoll zurück.
* Ihr haltet zwar keine moralische Strafpredigt, aber dennoch besteht ihr auf Abbruch der nächtlichen Party und erklärt die Gründe, die euch zu dieser Haltung bewegen bei (257).

286

Gabor schaukelt am mutigsten und höchsten von allen. Er will dir seinen Mut beweisen und versucht einen Überschlag zu machen. Das klappt auch tatsächlich.

* Willst du weitere Überschläge unterbinden? Lies (293).
* Verläßt du dich auf die - immerhin neue - Schaukel? Dann blättere einfach weiter zu (280).

287

Prompt nickst du ein. Erst viel später schreckst du hoch, weil du irgendein Geräusch gehört hast. Wenige Meter vor dir flucht etwas am Boden. Dann rappelt sich ein Schatten auf, klopft sich leise ab und schleicht in Richtung Mädchenzelt davon. Gerade willst du ihm folgen, als noch ein Schatten in sicherem Abstand hinter dem ersten die gleiche Richtung einschlägt.

* "Donnerwetter, das ist ja ein Betrieb wie auf dem Bahnhof", denkst du dir und beschließt, den beiden nach (291) zu folgen.

288

So ein Pech! Ausgerechnet dich muß es in der letzten Nacht noch erwischen. Hoffentlich hälst du es durch.

* Hast du 40 oder mehr Konditionspunkte, dann lies bei (299) weiter.
* Wenn nicht, fällst du bei (287) in tiefen Schlummer.

289

Auch wenn deine Entscheidung die einzig Richtige war (nach Paragraph 4 Abs. 1 JSchÖG (Gesetz zum Schutze der Jugend in der Öffentlichkeit) ist Kindern unter 16 Jahren nämlich jeglicher Besuch öffentlicher Tanzveranstaltungen untersagt), sind deine Kinder natürlich sauer. So sauer, daß du zwei Gruppenklimapunkte abgezogen bekommst.

* Du gehst mit deinen Kindern in die Hütte, doch es will keine rechte Stimmung aufkommen. Lies weiter bei (272).

290

Deine Co-Betreuerin hat die Bombenidee! Ihr macht spontan eine eigene Disco in der Zeltplatzhütte. Geretteter Abend und zusätzlicher Erfahrungspunkt.

* Los zum Endspurt ... nach (255).

291

Der erste Schatten verschwindet kurz darauf im Mädchenzelt. Der zweite Schatten scheint zu zögern. Du schleichst dich von hinten an.

* Entschlossen legst du dem ertappten Sünder die Hand auf die Schulter und blätterst zu (276).

292

Na ja, das ist zwar am sichersten, aber ein wenig Alkohol wäre bei genauer Kontrolle der Verteilung auch erlaubt gewesen.

* Nun schau aber bei (271) nach, wie der Abend weiter verläuft.

293

Du hast deine Ermahnungen gerade noch zu Ende gebracht, als Gabor mit einem doppelten Salto und anschließendem dreifachen Rittberger zu Boden geht.

* Zwar scheint Gabor glücklicherweise nichts Ernstes zugestoßen zu sein, dennoch ist es wohl besser, bei (268) den Freizeitleiter aufzusuchen.

294

Die Kinder jubeln natürlich! Sofort beginnen sie, sich zu schminken und zu stylen. Die Stimmung beschert dir einen Gruppenklimapunkt.

* Hast du Kalle als Co-Betreuer, dann lies (282).
* Ansonsten schlage bei (297) nach.

295

Du Kameradenschwein! Was hättest du wohl dazu gesagt, wenn du Nachtwache hättest? Außerdem hast du jetzt deine Aufsichtspflicht verletzt. Selbst wenn du nicht "im Dienst" bist oder die Kinder einer anderen Gruppe angehören.

* Na, leg dich ruhig schlafen. Bei (279) wirst du schon sehen, was du davon hast.

296

"DISCOOO" schallt aus aller Munde. Ausnahmslos alle Kids wollen an diesem vorletzten Abend noch die Dorfdisco stürmen. Was nun?

* Du lehnst kategorisch ab und liest (289).
* Du machst am vorletzten Abend mal 'ne Ausnahme. Gehe zu (277).
* Du gibst dein O.K., wenn die Kinder versprechen, keinen Alkohol zu trinken. Weiter bei (258).
* Du erlaubst es ihnen nur, wenn sie keinen Alkohol trinken und dir obendrein fest versprechen, spätestens um 21.00h wieder mit dir zum Zeltplatz zu gehen. Blättere zu (266).

297

Als ihr am Freizeitbüro vorbeigeht, ruft dich der Freizeitleiter herein. Er verbietet dir, mit deinen Kindern in die Disco zu gehen.

* So'n Mist. Wie willst du das jetzt deinen Kindern beibringen? Geh zu (272).

298

Ihr habt nun drei Möglichkeiten offen:

* Direkt ins Zelt stürmen und eine Razzia veranstalten, die sich gewaschen hat. Lies weiter bei (281).
* Den Kids in der letzten Nacht noch etwas Spaß gönnen und bei (269) in Ruhe ins Bett gehen.
* Warten, ob noch mehr Gestalten zu der Privatparty stoßen. Laßt die Ereignisse bei (262) auf euch zukommen.

299

Schon nach einer halben Stunde siehst du einen Schatten, der sich langsam aber sicher in Richtung Mädchenzelt bewegt. Ihm folgt in kurzem Abstand ein Zweiter. Das ist ja die reinste Völkerwanderung.

* Unauffällig schließt du dich der Karawane an und kommst zu (291).

300

Die letzten Stunden der allerletzten Nacht vergehen wie im Fluge. Am nächsten Morgen siehst du zwar aus wie eine Leiche auf Urlaub, aber du darfst dir gratulieren. **DU HAST ES GESCHAFFT!**

Nichts und niemand konnte dich aufhalten. Gleich nach dem Frühstück besteigen die Kinder nach langen, traurigen Abschiedsszenen den Bus. Du winkst ihnen noch lange nach, als der Bus bereits um die Ecke verschwunden ist. Gerade trocknest du deine Tränen mit einem Taschentuch, als dir der Freizeitleiter sanft den Arm um die Schultern legt und meint:

"Wir sehen uns doch nächstes Jahr wieder?!?"

Abenteuertafel

Persönliche Eigenschaften										
Erfahrung						Kondition				

Gruppenklima									

Co-Betreuer	

Geld						

Gegenstände	

Zufallskarte

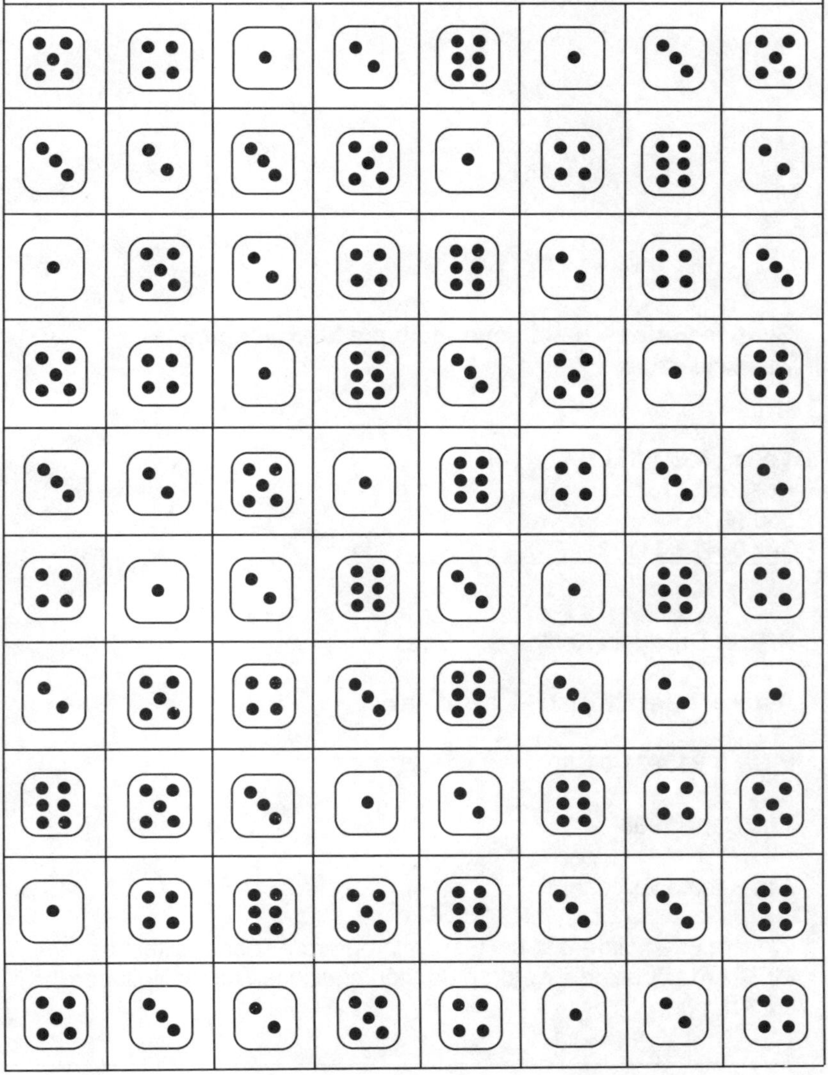

Schöne Ferien – das Dschungelbuch für Pädagogen
ist erschienen im

Verlag MEDIAFLUX
Postfach 1131
35634 Leun
Tel. 06473-411333, FAX 06473-411334

Druck: Druckerei Kohlhaas, Wirges

Autoren: Gerit Kopietz, Jörg Sommer

ISBN 3-933831-01-6

1. Auflage **1998**

Weitere Exemplare und ein Gesamtprogramm können direkt bei **MEDIAFLUX** bestellt werden. Sonderkonditionen für Institutionen auf Anfrage.